LES HAUTS LIEUX DE L'OPÉRA

*Collection dirigée par*

Alain Duault

*en collaboration avec*

Agnès de Gorter

*Dans la même collection :*

*Le Festival de Bayreuth*, par Pierre Flinois.
*Le Festival d'Aix-en-Provence*, par Alain Gueullette.
*Le Festival de Salzbourg*, par André Tubeuf.

*L'Opéra de Paris*, par Alain Duault.
*La Scala*, par Sergio Segalini.

A paraître :

*Le Festival de Vérone*, par Gérard Mannoni.
*L'Opéra de Vienne*, par André Tubeuf.

*Illustration de couverture :* La salle et le rideau du Royal Opera House Covent Garden où l'on peut apercevoir les armes de la famille royale d'Angleterre.

# COVENT GARDEN

I.S.B.N. 2-7107-0450-1

Pierre-Jean Rémy

*de l'Académie française*

# COVENT GARDEN

## ROYAL OPERA HOUSE

Sand

A Paris 2e, rue du Mail, n° 6

*Remerciements*

*Nous tenons à remercier les personnes et organismes suivants pour l'aide qu'ils nous ont apportée dans notre recherche iconographique : Christophe Capacci, Paul Collen (Royal College of Music), Rhiannon Finamore (Theatre Museum), Francesca Franchi (Archives Office Royal Opera House Covent Garden), Catherine-Marie Heuls (Documentation Opéra de Paris), Aude de Jamblinne (EMI-Pathé Marconi), Alain Lanceron (EMI-Pathé Marconi), Jane Livingstone (English National Opera), Jacques Moatti, M. Schouvaloff (Theatre Museum), Deidre Tilley (Opera Magazine), André Tubeuf, Katherine Wilkinson (Press Office Opera House Covent Garden).*

*Documentation : Catherine-Marie Heuls*
*Chronologie des œuvres : Christophe Capacci*

*Première partie*

# COVENT GARDEN, UNE HISTOIRE

*Chapitre Premier*

# Des odeurs, des images...

Covent Garden, le Royal Opera de Covent Garden, c'est d'abord une odeur; ou plutôt, un mélange d'odeurs: qu'on nous pardonne de commencer sur une note qu'on pourrait juger triviale, mais nos souvenirs sont faits de cela: images, couleurs, odeurs.

Cette odeur, l'odeur première, c'est celle du café, fort mauvais au demeurant, bouilli et rebouilli, qui flotte dans les couloirs et s'insinue dans la salle au moment des entractes: c'est un repère, un signe... Alors que, sur scène, Siegfried achève d'assassiner Mime ou que la Maréchale ne parvient pas à rattraper Octavian qui s'en va, l'odeur du café envahit insidieusement le théâtre, stagne sur les fauteuils d'orchestre, monte à l'assaut des loges et des balcons: comme il est, à la fin des entractes, une sonnerie pour annoncer le moment de retrouver son siège; de même à la fin de chaque acte, l'odeur du café bouilli, servi brûlant, vient-elle annoncer au spectateur qu'il n'en a plus que pour quelques instants à jubiler avec Siegfried ou, déjà, pleurer avec la Maréchale.

La deuxième odeur est celle de la bière, un peu aigre, amère, qu'on boit sur le pouce dans les pubs du quartier avant d'entrer au théâtre.

*Le* Royal Opera House Covent Garden, *de nos jours : le théâtre, dessiné par E.M. Barry en 1857-1858 est le troisième qui fut construit à cet emplacement.*

Les pubs sont partout, à Londres, et singulièrement autour de Covent Garden; aussi, sur le coup de six heures et demie, avant le lever du rideau, les messieurs qui ne font que sortir de leur bureau de la City, les étudiants venus de leurs bibliothèques toutes proches, ou simplement les petits-bourgeois amateurs de musique, font leur provision d'*ale* tiède avant les grandes émotions de Wagner ou de Verdi. Dès le début du printemps, on sort sur les trottoirs de Bow Street ou de Floral Street, le verre à la main et, gravement, on regarde passer le monde: l'odeur de la bière est alors celle de tout un quartier.

La troisième odeur est celle des légumes, celle des trognons de chou, de la salade, de la botte de carottes. L'antique marché de Covent Garden, les halles célèbres qui donnèrent leur nom à tout un quartier, a beau avoir été exilé comme tant d'autres marchés centraux vers la périphérie, il semble parfois que les murs mêmes des bâtiments autour de l'Opéra, qui furent ceux des commissionnaires et des mandataires de tout le ventre de Londres, suintent encore des émanations d'asperges ou de chicorée. D'ailleurs, deux ou trois boutiques, autour de la station de métro voisine, débitent encore les bottes de poireaux et les livres d'endives; un spectateur en profite parfois pour les acheter et les enfermer ensuite pendant tout le spectacle dans un filet au vestiaire. Si bien que l'odeur du chou d'autrefois se mêle à celle de la bière d'avant le théâtre, au café de l'entracte: il faudra seulement le lever du rideau, les odeurs de colle et de bois, la poussière de la scène, les tulles peints, pour balayer tout cela.

On rassurera le lecteur en disant que pour qui y a passé à peu près deux soirées par semaine pendant en tout plus de neuf ans, c'est aussi l'atmosphère unique d'un lieu chéri entre tous, dont chaque détail d'architecture, chaque visage est devenu familier. Alors, en guise d'ouverture, on multipliera ces détails, ces visages, ces repères comme autant de taches de couleur sur un panneau peint qui nous renvoie, plus vraie que vrai, l'image d'un théâtre dans le théâtre.

## *Un quartier pour un théâtre*

On a dit la station de métro *Covent Garden*, à l'angle de Long Acre et de James Street : c'est des profondeurs de la terre, Nibelungen fascinés par les ors du théâtre, que surgissent les premiers spectateurs : un peu plus éloigné que le métro *Opéra* de l'Opéra lui-même, la station *Covent Garden* est pourtant mille fois plus associée à l'histoire du théâtre car elle ne dessert, somme toute, à l'heure du spectacle, que le théâtre lui-même. Là aussi, des odeurs, celle, inimitable jusqu'au plus profond de la RATP, du vieux *tube* londonien... Puis les trognons de chou de la boutique du coin ; les quelques charrettes de légumes qui empêchent encore les voitures de trouver un stationnement le long du trottoir et les pubs, déjà pleins.

La fermeture du marché et la création, dans son enceinte, d'un univers de petites boutiques, de galeries, de cafés très à la mode — trop à la mode — ont quelque peu défiguré la physionomie du quartier. Entre les libraires et les marchands d'affiches, c'est un univers qui se veut délibérément trop jeune, en même temps que bon marché — un peu *cheap*, en somme, diraient les Anglais — dans lequel on

*Le marché couvert,*
*récemment transformé en galerie marchande.*

va faire les cent pas en attendant le début du spectacle : c'est l'horreur, en fait, des quartiers dits piétonniers, dont les quelques charmes, çà et là, d'une jolie boutique, ne compensent pas la triste artificialité. Balade pour balade avant la première sonnerie du théâtre, autant découvrir, dans les rues voisines, les deux ou trois librairies encore ouvertes, les rayons poussiéreux de livres anciens — qui recèlent parfois des trésors sur l'histoire du chant et de l'opéra ; ou les vraies galeries vraiment établies dans de vrais entrepôts qui ont animé le quartier de Covent Garden avant que les divagations idylliques des adeptes du rêve piétonnier ne fassent de ses environs n'importe quelle riante petite cité du prêt-à-porter dans le vent de la mode et de l'esprit.

Ou alors, devant ce qu'il reste des grandes arcades du Floral Hall, qui fut une halle aux fleurs jamais vraiment en activité, on se souviendra avec émotion des miracles d'une architecture où le verre se mariait à l'acier pour inventer des coupoles, des verrières arachnéennes et futiles que le feu avait les moyens de dévorer mieux que n'importe quel fétu de paille...

Mais déjà les premières sonneries vont retentir. Les taxis s'arrêtent devant le grand portique néo-classique de Bow Street, mêlés à quelques Rolls de rigueur; les chauffeurs, casquette à la main, aident ces dames, tout embijoutées de rivières caillouteuses sur décolletés profonds, à s'extirper des grosses voitures. C'est en effet un curieux public que celui de Covent Garden, où se côtoient plus que dans aucun autre Opéra national, dans le monde, robes du soir et smokings avec cols roulés, tennis et laisser-aller de bon aloi de tout intellectuel de Hampstead ou de Highgate qui se respecte. On se croise, on se salue parfois car on est souvent de la même famille: celle qui tient les rênes de l'Angleterre; puis on gagne la place à laquelle on a droit, dans un système hiérarchisé tel que seules les castes indiennes — et peut-être la nomenklatura soviétique! — en connaissent en matière de barrières sociales. Tout cela, jusqu'à ces dernières années, sous l'œil à la fois débonnaire et attentif d'un personnage qui fut, pendant des décennies, l'œil même du système au sein de la maison. A lui seul, il mériterait des pages entières: c'était le Sergent Martin, mort en 1981. Sanglé dans une jaquette brun-rouge, gilet, chapeau façon haut-de-forme du siècle dernier avec plumet assorti, le Sergent Martin était d'une corpulence extrême et, son œil attentif, vrillé sur sa pratique, n'avait d'égal que la célébrité de sa moustache. C'était lui, à côté de la caisse, devant l'accès au sanctuaire, qui surveillait les allées et venues de tout son monde, s'affairait pour retrouver un ticket égaré, répondait avec la modestie assurée qui s'imposait au salut des habitués. De même a-t-on connu longtemps cette vendeuse de programmes française, aux cheveux clairs, qui devenait plus midinette parisienne au fil des années, à mesure qu'elle s'enfonçait davantage dans le sacro-saint territoire des attitudes anglo-saxonnes.

On pourrait multiplier les reflets de ces visages, qui furent, ou sont encore, les figures les plus familières de l'auguste maison; au premier chef, ceux qui ont aidé à la faire ce qu'elle est devenue et qu'on croisait chaque soir dans les corridors ou au *Crush Bar* qu'on verra à l'entracte: Lord Drogheda, l'ancien gouverneur, personnage presque aussi mythique que l'est encore Lord Harewood, cousin

*Lord Harewood en 1982.*

de la reine, créateur du festival d'Edimbourg, de l'English National Opera et sans qui une soirée à Covent Garden, fût-elle de routine, ne saurait être ce qu'elle doit être. Lord Keynes a disparu depuis longtemps; Harold Rosenthal, qui dirigea la revue *Opera*, est parti à son tour: ils furent les piliers du temple. A l'entracte, on attendait l'avis d'Harold Rosenthal sur telle ou telle nouvelle voix; on l'écoutait, on se le répétait. Mais Sir Claus Moser, David Cairn, critique et berliozien, Peter Heyworth, sont toujours là pour nous dire, avec Marion Thorpe, fille d'un éditeur de musique viennois, épouse de Lord Harewood puis de Jeremy Thorpe — ancien *leader* du parti libéral — que Covent Garden sera toujours Covent Garden. A Paris, à New York, il existe aussi des habitués: à Londres, ils sont des figures de légende. Peut-être — et on y reviendra — tout simplement parce que le Royal Opera de Covent Garden, tel que nous le connaissons, est une création toute récente et que ce sont un peu eux qui l'ont fabriqué.

La représentation va commencer. On gravit le grand escalier, or, pourpre et ivoire, dont les couleurs n'ont guère changé depuis que Barry a construit le théâtre actuel. On se fraie un passage tortueux vers le couloir circulaire qui entoure les fauteuils d'orchestre, tout encombré de bars, de comptoirs de thé et de café — déjà... Debout, on boit le petit verre de vin blanc qui vous a un air tout exotique; ou on mange à la hâte des sandwiches qui ne sont pas de monstrueux produits débités industriellement et servis sous cellophane (ou des petits pains cotonneux!), mais de vrais sandwiches anglais, saumon, cresson, poulet, fromage blanc qu'on pourra se faire réserver pour l'entracte, sur telle ou telle tablette disposée à cet effet, avec votre nom écrit à la main sur une serviette en papier.

Et puis on pénètre enfin dans la salle. Les images : les mêmes rouges, les mêmes ors, les mêmes teintes ivoire. Côté cour, la loge royale : bien sûr, les princes ne la fréquentent guère, mais on y reconnaît volontiers telle ou telle figure de l'Establishment à qui l'on servira, à l'entracte, les mêmes sandwiches et le même café, mais dans un petit salon attenant — tristounet mais si bien fréquenté ! Images surtout, de balcon en balcon, de fort curieuses demoiselles... Qu'on veuille bien ne pas nous en vouloir, mais ces torses de demoiselles de stuc qui ornent les trois rangs

*Une des demoiselles en stuc des balcons, à l'étage des nymphettes.*

*La salle, avec le rideau*
*les armes de la fam*

*ène où l'on peut voir*
*yale d'Angleterre.*

de balcons de la salle sont un peu pour nous les figures de proue de Covent Garden. Au premier balcon, gentiment ailées, ce sont des dames tout juste mûres, aux jolis seins bien ronds ; à l'étage suivant, elles sont plus jeunes : jeunes filles, leurs formes sont à peine épanouies, elles sont nymphes en train d'éclore. Mais au troisième balcon, pour le plus grand plaisir d'un vieux gouverneur de la maison, ce sont de vraies nymphettes, aux seins enfantins de petites filles : qu'on y prête seulement un peu d'attention, on découvrira sûrement les mille intentions pas si cachées que cela que ces grands bourgeois victoriens inventèrent avec une innocence si bien feinte. La société de ce temps vous avait de ces délicatesses... Un peu trop crue, la lumière qui tombe de l'immense lustre circulaire et écrasé au creux de la coupole en laisse deviner tous les mystères, qui vont durer et survivre jusque dans la demi-obscurité de la salle au lever de rideau : ils ont bercé nos plus belles *Tosca*, des *Chevalier* de rêve.

On a dit les effluves de café qui, quelques minutes avant la fin de l'acte, annoncent l'*intermission*. Ce sera alors la ruée vers les buffets, les petits sandwiches. Ou, dans le grand foyer du premier étage, vers le *Crush Bar* où officient trois ou quatre barmen qui sont des virtuoses du verre et de la bouteille. L'un d'entre eux, dont on a vu au fil des ans le visage de star hollywoodienne des années trente prendre les belles rides d'une ex-star toujours aussi souriante, jongle littéralement avec ses ustensiles et vous sert en vingt secondes ce qu'un barman de Salzbourg ou de Munich mettra deux bonnes minutes à disposer devant vous : lui aussi est une figure de légende.

Par les belles journées, on va prendre le frais sur le balcon qui domine le portique. Des jeunes filles en robes de mousseline y font leurs premières sorties; leurs cousines, cabas au bras et cheveux sagement ternes, pull-over et jupe trop longue, bavardent avec de graves vieux messieurs ou de tristes jeunes gens, un peu musiciens, peut-être. Les étrangers font du bruit, les Français de passage se font remarquer, les critiques sont plus ou moins réunis dans le même angle sud-ouest du bar. On est parfois sévère pour les vedettes internationales, toujours très indulgent pour les chanteurs de la maison: cela aussi, c'est la Grande-Bretagne; c'est également ce qu'on appelle le fair-play britannique mais c'est grâce à cette mansuétude qu'autour de certaines vedettes (ou demi-vedettes) maison, se crée parfois une manière de culte. Les Amy Shuard, les Mary Collier mortes, Geraint Evans encore aujourd'hui, et puis des plus petits, des obscurs, eurent ainsi pendant trente ans, dans les conversations du *Crush*

*Geraint Evans et Ileana Cotrubas dans* Les Noces de Figaro *de Mozart, en 1972.*

*Bar* et dans les articles subséquents du *Daily Telegraph* ou du *Financial Times* (photographiés avec éloquence par une Zoe Dominic), un statut qu'envieraient à coup sûr les plus grosses stars de la troupe régulière de l'Opéra de Paris: autres lieux, autres mœurs, les temps sont inchangés. Au baisser du rideau, personne (ou si peu!) ne hue ni ne conspue. Quant aux coups de sifflet, ils sont à l'américaine: d'admiration. A Londres, on ne respecte pas seulement les chanteurs de la troupe mais simplement tous ceux qui se donnent le mal de tenter de vous plaire; s'ils sont fatigués, défaillants, on respecte leur défaillance. On est, encore une fois, *fair-play*.

Interminables, les entractes de Covent Garden durent parfois autant que les spectacles: on a de redoutables souvenirs de *La Bohème* ou de *Rigoletto*... Bien sûr, sur la scène, les décors sont en dur: compacts, solides (on reviendra sur tout cela), à la mesure des bonnes mises en scène solides qui les animent, il faut longtemps pour les changer; mais il y a aussi le très urbain souci de permettre les conversations de l'entracte: on est entre gens de bonne compagnie, il faut trouver le temps de l'exprimer. La durée des spectacles touche parfois à l'absurde: on rappelle souvent que lorsque *Les Huguenots* furent joués pour la première fois en ces lieux, on dut supprimer le dernier acte, car tout l'opéra, entracte et ce qui va avec, s'était poursuivi au-delà de minuit, un samedi soir; c'était le sacro-saint dimanche et le Lord Chancelier interdisait le dimanche toute distraction profane. Plus récemment, on a vu des *Don Carlo* sans autodafé (trop long!) mais avec l'acte de Fontainebleau, car on voulait jouer quand même la carte de l'authenticité.

## *Rideau*

Au dernier rideau, c'est la ruée, plus que partout ailleurs, vers les derniers métros. Une manière de gag que ces spectateurs en cohortes serrées qui se précipitent vers les sorties, vers la fameuse station de métro *Covent Garden* entre les rideaux de fer baissés des marchands de choux-fleurs. Jadis, les camions des halles avaient déjà envahi le quartier, il était parfois difficile de déplacer sa voiture, le débouché sur le Strand était souvent un cul-de-sac. Ces temps bénis sont révolus, on circule aujourd'hui aisément dans le quartier de Covent Garden ; il ne reste plus, pour ceux qui connaissent les vrais plaisirs de la vie, qu'à rallier quelques-uns des restaurants du quartier qui vivent la nuit grâce à l'Opéra. Ainsi l'origine de *Rules*, fameux pour ses *grouses* et autres gibiers servis pourris juste ce qu'il faut, se perd-elle dans la nuit des temps : banquettes écarlates, serveurs très dignes, une sorte de *Maxim's* mâtiné de *Lipp* sans les falbalas de l'un ou l'autre, seulement la dignité des maîtres d'hôtel et l'époustouflante carte des vins. Puis il y a eu le temps du *Neal Street Restaurant*, de *Poon's*. Le *Neal Street*, aux menus dessinés par David Hockney et aux plats un peu chichiteux, sucré-salé, pas si mauvais que ça, aux crèmes brûlées à se mettre à genoux ; *Poon's* : plus précieux encore, restaurant chinois comme il ne peut en exister que pour une clientèle à la sophistication extrême qui admire avec ébahissement ce que dans tous les restaurants chinois du monde on cache pudiquement : la cuisine et les cuisiniers en action, installés au milieu de la salle, toutes vapeurs à l'air et des vitres devant. Chez *Poon's* comme au *Neal Street* :

les mêmes jeunes filles en mousseline rose thé qui s'appelaient Jane, Penelope, Olivia; les mêmes couples de jeunes gens bien mis, les mêmes gros messieurs, les mêmes vieilles dames un peu bohèmes. Et, sur la table, signe de ralliement, les programmes rouges et gris de l'opéra, qui ne trompent personne.

Aujourd'hui, les programmes sont toujours sur les tables, bien en vue: vieux de deux cent cinquante ans ou de quarante ans à peine (selon qu'on parle de Covent Garden ou du Royal Opera, qui sont devenus une seule et même institution), le Royal Opera de Covent Garden est le lieu privilégié de toutes les traditions.

*Les programmes: à gauche l'ancienne couverture* (Arabella); *à droite, la toute nouvelle* (Don Carlo).

## *Chapitre deux*

# Deux théâtres...

Alors que celui qui veut évoquer l'histoire de l'Opéra de Paris commencera par le récit obligé du destin des différentes salles qui se sont succédé, un peu partout dans la capitale, pour nous conduire au Palais Garnier, il est significatif que l'histoire de Covent Garden est d'abord celle d'un lieu et non celle *des* lieux où l'on a chanté l'opéra.

Bien avant que le premier théâtre de Covent Garden fût édifié, on chantait l'opéra ailleurs à Londres ; il y avait un théâtre italien, on y applaudissait les vedettes du temps. Pourtant, tous ceux qui entreprennent de nous raconter l'aventure du plus célèbre théâtre d'opéra britannique commencent leur récit à la date où fut posée la première pierre du théâtre de Bow Street. Et ce fut, dans ses cent premières années, beaucoup plus un théâtre de texte qu'un théâtre d'opéra, tandis qu'au Haymarket tout proche, par exemple, l'opéra, et l'opéra presque seul, faisait les beaux jours des amateurs. On sacrifiera donc aussi à cette tradition et c'est en 1732 qu'on fera naître Covent Garden.

Jusqu'à cette date, les *Lettres patentes* du roi Charles II donnaient le monopole du théâtre de texte au théâtre de Lincoln Inn's

*John Rich en Lun* (Harlequin Horace).
*Gravure satirique de G. van der Gucht, 1759.*

Fields construit par Davenant sur un ancien jeu de paume. L'un de ses successeurs, John Rich, acteur et arlequin célèbre, décida de faire élever une seconde salle tout près de la fameuse *Piazza* de Covent Garden, dessinée par Inigo Jones. Ce devait être un choix unique. Car le quartier de Covent Garden était alors celui de toute une vie nocturne, où marchands de légumes côtoyaient ivrognes et filles de joie dans un beau tohu-bohu dont un Hogarth a su nous laisser l'image. Les plus fameuses maquerelles de l'époque y avaient chambre ouverte et les admirables portiques de la place d'Inigo Jones abritaient aussi bien les déambulations pensives des écrivains et journalistes du temps que les allées et venues d'une autre faune, plus colorée et plus décolletée: on dira que c'était un quartier vivant et en pleine expansion...

## *Le Londres de Hogarth*

Ce caractère très particulier de l'environnement du premier Opéra d'Angleterre mérite qu'on s'y attarde: en dépit des lustres tout victoriens qui l'ont ensuite figé dans une autre image, il reste dans l'air de Covent Garden de curieux relents de ce temps-là. C'est Fielding, l'auteur de *Tom Jones*, qui le décrit: « On pourrait croire que toutes les prostituées du royaume ont choisi ce quartier béni pour s'y donner rendez-vous: elles y sont si nombreuses qu'elles y forment une vaillante colonie, et le rôle essentiel du pub pourrait bien être de servir à organiser le mieux possible la débauche entre ruffians et péripatéticiennes. »

Le plus célèbre de ces pubs appartenait à un certain Tom King: à sa mort, en 1737, on publia une gravure représentant son tombeau... sur le modèle des tombes illustres de Westminster. L'industrie la plus prospère après celle des pubs était celle des bains, les « bagnios » dont on imagine les vapeurs qui s'en échappaient. La diva de ces lieux était une dénommée Betty Careless qui mit une si admirable bonne volonté à satisfaire tous les rêves de ses clients qu'elle mourut jeune et pauvre, ce qui est, après tout, conforme à la morale. La dernière planche du *Rake's Progress*, de Hogarth, l'évoque avec nostalgie.

« Maman » (Mother) Douglas sut lui succéder avec la même ardeur.

Plus respectables, toutefois, étaient d'autres hauts lieux de la vie nocturne de Covent Garden, parmi lesquels la *Shakespeare Head Tavern* que fréquenta Boswell, ou la *Bedford Coffee House* hantée par les fantômes de Garrick ou de Walpole. Enfin, des spectacles de rue, les marionnettes de M. Powell, les matches de boxe de John « Buckhorse Smith » animaient tout un quartier sillonné de figures pittoresques : Owen Farrel, le « nain irlandais » (dont le squelette a été conservé comme une relique dans le muséum d'histoire naturelle du duc de Richmond) ou le Dr Rock et sa voiture de médecin ambulant qui vendait très cher des petites pilules pour apaiser tous les grands maux.

On conçoit que la tentation fut grande d'ajouter un peu de théâtre à cette comédie de tous les jours... John Rich se fit donc louer par le duc de Bedford un terrain approprié, bien que coincé entre les maisons voisines, et demanda à Edward Shepherd, architecte alors très en vue, de lui construire un théâtre. C'était déjà une mode que d'avoir recours pour ce faire aux plus fameux architectes du moment : le grand Christopher Wren avait construit, en 1674, l'opéra de Haymarket, et le non moins fameux Sir John Vanbrugh, en 1705, le premier Drury Lane : à noter que Vanbrugh, dont les belles demeures (ces country houses des week-ends britanniques...) ornent encore toute la campagne anglaise, avait été auteur de théâtre dans sa jeunesse. C'était de bon augure...

Edward Shepherd, lui, avait d'abord été un stuqueur. Le stuc et le plâtre sont plus résistants au feu que le bois, et le premier théâtre de Covent Garden, inauguré le 7 décembre 1732 avec la pièce de Congreve, *The Way of the World* (*Ainsi va le monde*), fut tout de suite un succès de curiosité. Hogarth, encore lui, a laissé une gravure pour immortaliser cette soirée. Si le premier spectacle musical qu'on y donna peu après, le 16 décembre, fut *The Beggar's Opera* (*L'Opéra des Gueux*), de John Gay, qui avait fait la fortune de Rich au Lincoln's Inn Field, le répertoire de Covent Garden demeura d'abord et avant tout théâtral. Et pourtant, peut-on imaginer lieu plus approprié aux aventures de Macheath et de Polly Peachum que le cœur de la piazza où les modèles de John Gay revisités par Hogarth vivaient leur vraie vie!

La Gloire de Rich *par William Hogarth.*
*La scène représente l'entrée triomphante de John Rich à Covent Garden pour l'ouverture de son nouveau théâtre, le 7 décembre 1732.*

Shakespeare, Farqhar, Sheridan et les auteurs de comédies à la mode constituèrent bientôt l'essentiel des soirées de Covent Garden, et tous les plus fameux acteurs du temps, les James Quin, les Peg Woffington, bientôt les Garrick (célèbre entre tous par son interprétation de Richard III) puis les John Philip Kemble, s'y produisirent. Ce fut aussi, avec Kemble, le temps de ces acteurs-directeurs de théâtre, qui devaient marquer durablement l'histoire de l'art dramatique anglais. Jusqu'au milieu du siècle suivant, c'est-à-dire jusqu'à l'abolition des *Lettres de patente*, en 1853, Covent Garden sera en fait, avec Drury Lane, le seul théâtre « théâtral » de Londres et la rivalité entre les deux maisons sera permanente.

Mais le théâtre parlé n'était pas seul à régner sur la scène de Covent Garden ; la danse y jouait déjà un rôle certain, quoique pas de tout premier plan, puisque dans la quasi-totalité des œuvres données, musicales ou parlées, on offrait en prime aux spectateurs des intermèdes dansés. Il est vrai que dans la plupart des cas la danse n'était qu'un appoint. Parmi les créations de ballet, au sens actuel du mot, on citera quand même, dès 1734, un *Pygmalion* dansé par la grande Marie Sallé.

Pendant toute cette première période qui correspond, en fait, à la fin du XVIII$^{e}$ siècle et au tout début du XIX$^{e}$, l'opéra sera quand même très présent, et s'illustrera au premier chef avec Haendel. Jusqu'en 1735, les opéras de Haendel étaient régulièrement joués, selon le principe des « saisons », au King's Theatre, le beau théâtre de Vanbrugh. A la suite d'une querelle avec le célèbre castrat Senesino, Haendel fut contraint de trouver une scène et il se rabattit sur Covent Garden. En trois

*Marie Sallé (1707-1756), peinte par Fenouil.*

années, de 1735 à 1737, il ne va pas donner là moins de cinq opéras italiens, parmi lesquels *Ariodante, Alcina* et *Arminio.* Un solide ensemble de chanteurs, dont les castrats Carestini et Conti, l'y avaient suivi. Ce sont encore eux qui l'aideront, jusqu'en 1752, à produire toute une série de concerts fameux, ces « Concerts de Carême » au cours desquels on put entendre quelques-uns de ses plus grands oratorios en concert: *Alexander's Feast, Samson, Belshazzar, Theodora,* etc. C'est également à Covent Garden qu'après Dublin, en 1742, le *Messiah* fut donné à Londres pour la première fois. Ainsi les jeunes années du nouveau théâtre de Covent Garden

*Georg Friedrich Haendel par Philip Mercier.*

sont-elles entièrement dominées par une seule et grande figure, celle de Haendel. Même si notre méconnaissance aussi absolue qu'hexagonale de cette période nous les fait encore ignorer, il serait injuste de ne pas citer aussi les grands noms de l'opéra anglais de la seconde moitié du XVIIIe siècle, notamment les Arne ou les Bishop. *L'Amour au Village* de Thomas Arne, demeuré fameux outre-Manche, eut lieu à Covent Garden la même année qu'*Artaxerses*, en 1762.

# *Un Opéra en trois salles*

Ainsi, peu à peu, du solide établissement d'art dramatique qu'était le théâtre de Shepherd, temple de Shakespeare et de Sheridan, se dégageait une nouvelle orientation, de plus en plus lyrique. Si bien que la salle telle que l'avait conçue Shepherd à l'origine, avec ses rigides bancs de bois disposés en éventail au parterre et ses trois rangs de loges malcommodes et souvent sans visibilité, cessa de

*L'entrée du théâtre par la Piazza, en 1791.*

répondre à ce qu'on en attendait. Un certain Thomas Harris, qui dirigeait la maison en 1791, demanda à un autre grand architecte, Henry Holland (le Holland de Holland Park et de toute la partie Nord de Kensington), déjà occupé à reconstruire Drury Lane pour Sheridan, de lui redessiner sa salle. La compétition entre les deux théâtres était à son point culminant; Holland travailla très vite et, dès 1792, la salle et la conception de la scène de Covent Garden, désormais « à l'italienne », avec des rangs de loges en fer à cheval, avaient une tout autre allure. Henry Holland en profita aussi pour améliorer l'ancienne façade, par trop nue et qui ne se distinguait pas des édifices voisins, et conçut un portique en avancée, tout de même plus digne.

Cette salle améliorée avait coûté cher. Drury Lane encore plus. La lutte entre les deux théâtres se poursuivit. Comme il fallait bien payer les travaux, rétribuer de nouveaux chanteurs — les castrats Nicolo Peretti et Giusto Fernando Tonducci, la grande soprano Charlotte Brent, aux contrats extravagants —, on dut augmenter le prix des places et de véritables émeutes éclatèrent parmi les spectateurs. On se prend à rêver d'un temps où les gens descendaient dans la rue pour se battre pour leur théâtre !

Cette belle agitation eut une fin brutale : le 20 septembre 1803 au matin, Covent Garden se retrouva en flammes. La légende veut que la poudre des pistolets utilisés dans le *Pizarre* de Sheridan ait fait long feu. Moins de six mois plus tard, Drury Lane brûlait à son tour : les passions étaient telles qu'en un temps record on reconstruisait les deux théâtres.

Le deuxième théâtre édifié sur le site de Covent Garden fut conçu par le fils d'un illustrateur fameux, le jeune Robert Smirke, à peine âgé de vingt-huit ans. Il fallait faire vite. Thomas Harris, qui dirigeait le théâtre, ne regarda pas à la dépense. Il commença par écouler une centaine d'actions à 500 livres sterling l'une, puis se débrouilla comme il put et donna carte blanche à Smirke, qui éleva un véritable... temple grec ! La salle correspondait à peu près aux idées traditionnelles en matière d'Opéra à l'italienne, mais tout en stucs roses et pâles ; l'extérieur était purement dorique, avec un portique à quatre colonnes inspiré du Parthénon, de beaux volumes carrés ou parallélépipédiques, des niches ornées de statues, un fronton, des statues, des frères Rossi et surtout de Flaxman. A sa manière, et surtout à la date à laquelle il fut édifié, ce deuxième Covent Garden était un chef-d'œuvre, dont on retrouve le reflet nostalgique dans les grandes *terraces* selon John Nash qui dominent encore aujourd'hui Regent Park. L'ensemble de la salle reposait

*Robert Smirke (1781-1867).*

sur de fines colonnes de fonte qui représentaient, elles aussi, une formidable innovation architecturale.

Bien entendu, tout cela coûta fort cher;

*L'auditorium en 1815.*

beaucoup plus que ne l'avait d'abord estimé Thomas Harris. On ajoutera que le deuxième Covent Garden était le premier théâtre anglais utilisant un système de chauffage central, et qu'il fut très vite éclairé au gaz. Comme les titulaires privilégiés d'actions avaient droit à des places de choix, il fallut encore augmenter les prix pour les spectateurs ordinaires, et la guerre des prix repartit de plus belle. Après quelques manifestations (des *riots*, en anglais: ce ne sont tout de même pas des émeutes!), il fallut faire marche arrière et, pendant près d'un demi-siècle, ce problème de finance greva douloureusement la gestion du théâtre.

Le spectacle d'ouverture fut un *Macbeth*. John Philip Kemble avait rejoint Thomas Harris comme codirecteur et les premières saisons furent un véritable festival de ces immenses acteurs qui firent la fortune du théâtre anglais au début du XIX^e siècle: Kemble lui-même, mais aussi Mrs. Siddons, Charles Kemble, le frère de John Philip, et enfin Kean, le grand Edmund Kean, qui quitta Drury Lane en 1827 pour jouer successivement Shylock, Richard III et Othello. William Charles Macredy remplaça Kemble à la tête du théâtre puis, vers la fin des années trente, la gestion devint encore plus difficile. L'abolition de l'ancien privilège de Charles II, en 1843, acheva de porter un coup fatal aux deux plus anciens théâtres parlés de Londres.

Mais dans le même temps, le ballet et surtout l'opéra avaient commencé à connaître un formidable développement. Quelques mots du ballet d'abord. Ce fut la première londonienne de *La Fille mal gardée* qui marqua les débuts du ballet préromantique à Covent Garden. Elle fut suivie de quelques belles soirées, bien sûr; pourtant pendant toute la grande période romantique, ce fut surtout à *Her Majesty's Theatre* que se produisirent les grandes étoiles du temps. Bien sûr, la Taglioni donna *La Sylphide* sur la nouvelle scène en 1832, Pauline Leroux, Adeline Plunkett firent de brèves apparitions, Fanny Elssler y fit ses adieux en 1847, Fanny Cerrito enfin vint y enchanter la reine Victoria dont on murmura qu'elle avait un faible pour elle. Pourtant, dès le milieu du siècle, Londres en général et Covent Garden en particulier cessèrent d'être la plaque tournante du monde de la danse que le grand théâtre de Haymarket avait symbolisé pendant ses heures de gloire. A la place des spectacles chorégraphiques, peu à peu relégués au rang de simples music-halls, on donna à Covent Garden des bals costumés, des fêtes plus ou moins galantes de la plus vulgaire espèce: il faudrait attendre plus d'un demi-siècle pour que le ballet y revienne en force et s'y établisse enfin au premier rang.

Les jours de gloire de l'opéra à Covent

Garden allaient en revanche commencer. Le premier à donner le coup d'envoi fut le directeur musical engagé par John Philip Kemble: Henry Bishop. La méthode de Bishop était simple: il choisissait un chef-d'œuvre étranger, *Don Giovanni* ou *Fidelio*, un Rossini, un opéra italien moins connu, et l'adaptait, affirmait-il, pour le goût anglais. Livrets chamboulés, mais surtout partitions modifiées, airs transportés tels quels ou arrangés d'un opéra à un autre, voire œuvres « originales » signées Bishop et faites de mille et un emprunts aux musiques des autres, peu importait: à sa manière, Henry Bishop était un Kean de l'opéra, il faisait frémir les foules en prenant avec les textes et la musique une liberté absolue. Lorsque trop devint vraiment trop, que Bishop voulut se considérer tout à fait comme un maître et exiger des appointements correspondants, Charles Kemble, qui venait de succéder à son père, refusa tout net:

*Carl Maria von Weber.*

il le remplaça aussitôt, sinon en titre, du moins en fait, par rien moins que Carl Maria von Weber lui-même.

Le public anglais connaissait déjà le *Freischütz* et *Preciosa* dans des versions « à la Bishop », les deux ouvrages avaient plu : l'initiative de Kemble allait enfin ouvrir l'Angleterre au véritable opéra allemand. On sait que Weber arriva à Londres le 5 mars 1826, qu'il entama les répétitions d'*Oberon*, qui lui avait été payé 500 livres, puis tomba malade. Il dirigea quand même l'œuvre douze fois, avec un colossal succès, puis mourut, le 5 juin suivant. On l'enterra aux accents du *Requiem* de Mozart, chanté par tous ceux qui, quelques jours avant, chantaient *Oberon* pour lui. Mais l'Angleterre savait désormais apprécier les grandes œuvres romantiques allemandes. Il y eut, dès lors, dans les années trente, de fulgurantes saisons avec des Schröder-Devrient et des Haitzengen. On entendit *Fidelio* et des actes isolés d'*Euryanthe*, voire de l'*Otello* de Rossini avec la même Wilhelmine Schröder-Devrient. Et puis Adelaide Kemble et surtout Maria Malibran firent leurs débuts à Covent Garden : c'était le commencement d'un premier âge d'or. La saison d'opéra allemand de 1833 s'acheva ainsi par une soirée de gala avec tout à la fois du chant et de la danse, Schröder-Devrient dans Léonore de *Fidelio* mais aussi dans le rôle-titre de l'*Otello* de Rossini, « un air italien chanté par la Pasta », Maria Malibran dans Desdémone et, entre la poire et le fromage, Fanny Elssler et la Taglioni. Quelques jours après, Giuditta Pasta devait d'ailleurs chanter à Covent Garden une *Norma* en un acte mais avec Donzelli, le Pollione de la création.

C'est pourtant l'année 1847 qui marque la

*Maria Malibran en Desdémone dans* Otello *de Rossini, en 1830.*

vraie ouverture de la maison au grand opéra italien. Jusqu'à cette date, c'était encore au Haymarket Theatre que se produisait officiellement le théâtre italien. Depuis une douzaine d'années, il bénéficiait d'un ensemble de chanteurs unique au monde. Michael Costa, qui les dirigeait, les avait d'ailleurs déjà laissés se produire une fois à Covent Garden, dans un *Barbiere di Siviglia* historique, avec Rubini en Almaviva, Giulia Grisi en Rosina et le grand Tamburini en Basilio. A leur côté, on ne trouvait rien moins que Persiani, Mario, Lablache et, bien entendu, Giuditta Pasta. Tous défrayaient la chronique par leur succès dans un immense répertoire italien qui était celui des Rossini, des Donizetti et des Bellini: à la suite de violentes querelles entre Costa et

Benjamin Lumley, qui dirigeait le Haymarket, tous émigrèrent avec armes et bagages, et les costumes qui allaient avec, à Covent Garden. Le 6 avril 1847, celui-ci devint le nouveau « Royal Italian Opera ». Il ouvrit avec *Semiramide* de Rossini : ce fut un fantastique triomphe. Peu de temps après, la direction de la maison passa entre les mains de Frederick Gye, qui demeura à la barre jusqu'en 1877, pour se voir succéder par son fils Frederick.

Jusqu'à l'arrivée de Gye, l'opéra avait toujours été une entreprise déficitaire ; Gye introduisit de nouvelles méthodes de gestion, compensa les pertes, fit bientôt des bénéfices : à partir de 1850-1852, Covent Garden était bel et bien devenu l'un des premiers opéras du monde. On y donna les œuvres du jeune Verdi jusqu'à *Rigoletto*, les classiques du grand opéra français et Berlioz lui-même vint en 1853 y diriger *Benvenuto Cellini* auquel, un siècle plus tard, les Anglais seraient les premiers à faire un nouveau triomphe. Jouant

THE INTERIOR

*La réouverture de Covent Garden, le 6 avril 1847, avec* Semiramide *de Rossini. Giulia Grisi tient le rôle-titre.*

avec habileté sur le formidable atout que constituait sa troupe, imaginant les cent combinaisons possibles entre une Pasta et un Tamburini, une Grisi et un Mario, Gye inventa tout à la fois les techniques de direction d'un opéra moderne et l'art de l'imprésario d'aujourd'hui. On se prend à rêver devant ces rencontres des plus grands sopranos de ce temps, devant ces *Norma* de l'impossible, ces concours de voix, ces assauts de vaillance. Jamais peut-être les nobles cantilènes de Bellini, ces lents mouvements d'une mer sous la lune, ne furent plus noblement, plus poétiquement offerts que par ces quelques artistes qui constituaient une troupe, au sens le plus fort du mot, et qui étaient en même temps les meilleurs de leur temps.

Il fallut un incendie, le 5 mars 1856, au milieu d'un bal masqué ridicule donné par un absurde millionnaire américain à qui on donnait le non moins imbécile surnom de « Magicien du Nord » (*The Wizard of the North*), pour mettre un terme passager à ce premier âge d'or. Mais en deux ans, on allait reconstruire un autre Covent Garden, et tout allait recommencer ; comme avant ; mieux qu'avant.

*L'incendie du 5 mars 1856.*

*Chapitre trois*

# Trois théâtres...

C'est le Covent Garden que nous connaissons que Frederick Gye a fait reconstruire sur le même site. Toujours désireux de voir un théâtre s'élever sur son terrain, le duc de Bedford donna son accord et Gye passa d'abord commande à un célèbre architecte de son temps, Sir Charles Barry. Âgé, fatigué, celui-ci se récusa et proposa à sa place les services de son fils, Edward Middleton. L'affaire fut conclue. Pour la saison 1856, déjà prête, Gye loua le Lyceum tout proche et E.M. Barry se mit au travail. C'était un architecte traditionnel, bien éloigné des idées de grandeur néo-grecques de son prédécesseur. A la croisée des chemins du victorianisme triomphant et des conceptions qui avaient cours dans le monde du théâtre italien, il imagina un établissement qui serait d'abord — et avant tout — pratique. Il refusa ainsi tout net les immenses et multiples foyers auxquels d'aucuns rêvaient encore, pour un seul foyer de proportions raisonnables; il conçut les accès en fonction des besoins, la scène, la salle, en accord avec les habitudes du temps. On récupéra ce que l'on put des frises de Flaxman et Rossi pour décorer la façade: ce sont encore elles aujourd'hui, bleu pâle et blanches, tragédie et musique, massacres et offrandes mêlés, que l'on peut voir sur le grand frontispice corinthien surmonté de statues qui domine la façade de Bow Street.

La seule vraie innovation fut le déplacement de l'orientation générale du théâtre qui, de nord-sud dans les deux premiers établissements, fut désormais parallèle au Strand et à la Tamise: est-ouest. Dans le même temps, E.M. Barry et son équipe entreprirent la

*E.M. Barry, architecte du théâtre actuel.*

construction, sur le flanc sud du théâtre, d'un immense hall à verrière et à coupole, le Floral Hall, sur le modèle du Crystal Palace ou des serres de Kew Garden, alors très à la mode. On imaginait d'y donner des concerts, des bals: ce qu'on ne pouvait intégrer au théâtre lui-même, on le prévoyait à ses côtés.

Le nouvel Opéra fut construit en sept mois. On l'a dit, on avait délibérément sacrifié la grandeur et l'ostentation au côté pratique de

*Vue de Covent Garden en 1858.*

l'affaire: si pratique, en effet, que le samedi soir de l'inauguration, les spectateurs placés aux fauteuils d'orchestre eurent tant de mal à trouver l'étroite entrée et les sièges qui leur étaient attribués, que l'opéra commença avec un retard considérable et, la longueur des entractes ajoutant à ces délais, *Les Huguenots*, qu'on donnait pour l'occasion, ne purent s'achever au douzième coup de minuit: sous les huées et les sifflets, on interrompit la représentation pour bien rappeler aux spectateurs qu'aucun bon citoyen de Sa Gracieuse Majesté ne pouvait assister à un spectacle profane un dimanche, fût-ce aux premières heures d'un matin qui n'avait pas encore commencé!

Hormis le beau projet d'agrandissement mis en route ces dernières années, le théâtre d'aujourd'hui est à peu de chose près ce qu'il était en 1858. C'est de cette époque que datent nos délicieuses petites nymphes rajeunissant de balcon en balcon, qui ont su faire rêver tous ceux qui se sont donné la peine de les remarquer. Tout au plus a-t-on modifié

Le Trouvère *de Verdi, représentation de 1858.*

certains éléments intérieurs du théâtre pour mettre les équipements en accord avec le papier. Le lourd lustre à gaz qui ornait la salle a été déplacé lors de l'installation de l'électricité en 1901: la légende veut que le grand Tamagno le fit trembler dans *Otello* en 1895 par la puissance de ses aigus; on redouta le pire et quand Tamagno revint six ans plus tard, on se hâta de procéder aux aménagements nécessaires, de crainte de voir 1689 spectateurs (c'était le nombre de places du nouvel Opéra) s'en aller en fumée pour un trop beau contre-ut.

C'est dans ce décor, victorien en diable, velours à glands, fanfreluches et tapis profonds, que Frederick Gye poursuivit la politique qui avait déjà fait de son théâtre l'un des premiers du monde. *Les Huguenots* de la soirée d'ouverture, le 15 mai 1858, constituaient à cet égard une superbe carte de visite : Mario — ne fût-il plus dans sa première jeunesse — chantait Raoul et bien entendu, la Grisi était Valentine ; Costa, fidèle au poste, conduisait l'orchestre.

On a dit que Gye était un directeur d'opéra habile : il le resta jusqu'à sa mort. Son art de trouver des patronages célèbres était consommé : tout de suite, il avait obtenu le soutien de la reine Victoria et du prince Albert, bientôt les plus assidus de ses spectateurs. On rapporte sur ce patronage illustre un certain nombre d'anecdotes que nous ne pouvons pas ne pas répéter, car elles sont la petite histoire d'une grande époque de la musique. Ainsi, la reine trouvait-elle parfaite-

*Frederick Gye (1809-1878).*

ment sinistres les lanternes bleues du commissariat de police de Bow Street, face au théâtre, semblables pourtant à toutes les lanternes bleues de tous les postes de police de Londres ; on supprima dès lors celles de Bow Street, si bien que le commissariat du quartier de Covent Garden est encore à ce jour le seul de toute la capitale à ne pas se trouver signalé par les rituelles lanternes bleues : l'historiette est légère, elle enchante le public anglais !

Un peu plus sérieusement, c'est à Covent Garden que, pour la première fois en Angleterre, on décida de ne pas jouer le *God save the Queen* à l'entrée de Sa Majesté : celle-ci venait si souvent — et arrivait si souvent en retard — qu'un hymne national au milieu d'un aria de la Grisi aurait quelque peu cassé la magie du beau chant italien. De même, la reine, dont on connaissait le goût pour les militaires de belle stature, exigea-t-elle que les figurants jouant des rôles de soldats dans les scènes d'opéra fussent de vrais militaires, tant elle trouvait peu martiales les troupes amorphes de Gaulois ou de Romains qui s'agitaient jusque-là en désordre sur la scène.

On ajoutera encore qu'à la mort du prince consort, en 1861, la reine s'enferma dans son deuil et ne revint plus à Covent Garden : ce fut Covent Garden qui alla à elle pour des représentations privées dans tel ou tel de ses châteaux. Gye, lui, continua sur sa lancée. Sa grande victoire, en 1861 précisément, fut la conquête d'une jeune inconnue qui s'appelait Adelina Patti. Un heureux concours de circonstances fit d'une rencontre due au hasard la fortune du nouveau théâtre.

Adelina Patti, parfaitement débutante, devait rejoindre la compagnie dirigée par Mapleson au Her Majesty's Theatre. Tout était mis en place pour des débuts assez anonymes, lorsque la soirée prévue dans le grand théâtre rival de Covent Garden se trouva fortuitement annulée. Le temps qu'on fît des plans pour revenir sur cette décision, Frederick Gye avait auditionné Adelina Patti: elle avait tout juste ouvert la bouche

*Adelina Patti, la Zerline du* Don Giovanni *de Mozart, en 1892.*

qu'elle était déjà engagée. Quelques semaines plus tard, elle chantait Amina dans *La Sonnambula*. La musique de rêve de Bellini, ces douces mélodies qui réveillent en nous les images enfouies d'un bonheur impossible, ces tristesses gaies, ces enjouements firent d'elle, en une nuit, la reine de Londres. Giulia Grisi, qu'elle allait détrôner, le comprit : elle fut tout de suite son amie. Il y eut un *Don Juan* qui devait être à se mettre à genoux, où Grisi chanta Anna, Patti, Zerlina. Le public les réunit dans une même ovation, le rideau tomba, quelques semaines encore et Giulia Grisi fit ses adieux à la scène, en pleine gloire. Elle avait une héritière.

Le règne absolu d'Adelina Patti à Covent Garden dura vingt-cinq ans. Comme tous les règnes, il eut ses états de grâce et son déclin. C'est-à-dire que la jeune et belle Patti, idole des foules, devint l'idole d'elle-même, voulut peu à peu tout régenter et, peu à peu, faillit conduire le théâtre royal à son déclin. Mais ses premières années à Covent Garden furent, pour la maison, un second âge d'or. Pour lui plaire, Bellini, Donizetti, Rossini, entrecoupés de quelques médiocres opéras français, constituèrent chaque saison l'essentiel du répertoire : en fait, la politique de Frederick Gye consista essentiellement à offrir à un public, encore peu formé aux goûts nouveaux, la chanteuse qu'il aimait dans le répertoire qu'il aimait. Si bien que ni le Verdi de la maturité, ni, à plus forte raison, Wagner, ne furent réellement offerts en ces années-là. Bien sûr, il y eut des *Don Carlo* et des *Luisa Miller*, des *Africaine*, des *Faust*, des *Mignon*, mais la plupart des opéras de Verdi, après *La Traviata*, demeurèrent inconnus du grand public, à l'exception d'*Aïda*, parce que c'était

*Madame Anese, Jean-Baptiste Faure,*
*Adelina Patti et Giovanni Mario*
*dans* Faust *de Gounod, en 1864.*

quand même l'un des triomphes de Madame Patti. Quant à *Lohengrin* ou *Tannhäuser*, ils mirent vingt-cinq ou trente ans pour traverser la Manche et arriver jusqu'à Bow Street: en langage d'aujourd'hui, on dirait que l'attelage Gye-Patti, si plein de succès qu'il ait été, pratiqua une politique musicale de plus en plus réactionnaire. Comme Costa, l'innovateur venu du Haymarket et le directeur musical de la maison, avait claqué la porte, c'étaient en réalité les caprices de la diva qui servaient de règle de conduite à Covent Garden.

Car, diva, Adelina Patti l'était, ô combien! Il faudra attendre les grandes folies de nos opéramaniaques contemporains pour retrouver pareilles démonstrations d'enthousiasme: à coups de bouquets et de louanges, d'ovations, de claques toutes-puissantes et de jeunes gens éperdus, Patti ne fut pas canonisée: elle fut déifiée. Quant à ses caprices, ses vetos, ses outrages, ils devinrent loi non écrite. Elle choisissait tout, et sans appel: ses partenaires, ses rôles, ses musiciens. D'improbables compositeurs écrivirent pour elle des opéras plus improbables encore, seulement destinés à la mettre en valeur et tout aussi vite retombés dans l'oubli. Qui se souvient de la *Gelmina* du prince-compositeur Poniatowski? Ou de l'*Estella* de Jules Cohen? De la *Vellida* du malheureux Lenepveu? La Patti en rajoutait dans l'opéra de série B importé de France pour une voix qui aurait pu trouver tellement mieux. De même imposa-t-elle de manière quasi permanente son époux Ernest Nicolini dans tous les rôles de ténor à ses côtés: de nos jours, d'autres en ont fait autant, mais se sont vite ravisées... Quant aux cachets qu'elle demandait, ils devinrent de plus en plus extravagants. Aussi, ayant appris que la grande Christine Nilsson avait été engagée à 200 livres par soirée au Haymarket, elle exigea aussitôt 200 guinées, c'est-à-dire 200 livres et 200 shilings, ou 220 livres: on était bien loin de la modeste avance de 50 livres qu'elle avait obtenue à la signature de son contrat!

Tant que Frederick Gye resta aux commandes, cet état de choses se poursuivit sans trop de dommages; à sa mort, en 1877, son fils Ernest se débrouilla plus mal. Ce fut lui qui se tourna vers les Poniatowski et autres Jules Cohen; ce fut lui qui commença à rogner sur les cachets des autres chanteurs pour mieux payer ceux de son étoile. Le résultat de cet aveuglement, ce fut une détérioration progressive du niveau des représentations à Covent Garden, bientôt tout entier enfermé dans une routine imposée par un triple carcan: une seule vedette (ou presque), des œuvres contestables et une troupe permanente de niveau médiocre.

On pourrait multiplier à plaisir les anecdotes sur la gloire qui fut celle d'Adelina Patti. Ainsi, lorsqu'elle séjournait à Paris, chez Mario, précisément son ténor favori, on trouva un matin un homme à genoux devant la porte de l'appartement, en train de baiser dévotement son paillasson. «Eh quoi? s'étonna-t-il devant la surprise de la femme de chambre, est-ce qu'*elle* ne passe pas là chaque fois qu'elle entre et sort?»

Ce genre de public était, on le conçoit, capable des pires injustices. Quand la grande Marcella Sembrich voulut chanter *Lucia* à Covent Garden — c'était en 1880 —, Adelina Patti réussit à monter une cabale contre elle, et Marcella Sembrich ne revint que bien plus tard, en 1895. On l'a compris, Patti faisait le vide autour d'elle.

Seule de tous les grands sopranos de son temps, Emma Albani parvint en fait à s'imposer face au règne intransigeant d'Adelina Patti. Comme Patti, elle fit ses débuts dans *La Sonnambula* et ç'aurait pu être la guerre ouverte, puisque les deux femmes avaient le même répertoire, de Lucia à Gilda en passant par Marguerite et *Linda di Chamounix*. Dans le cas précis, Gye se tira d'affaire en inventant

*Emma Albani, la Desdémone d'*Otello *de Verdi.*

pour Albani des rôles différents, que Patti méprisait ou ignorait et en entrouvrant un peu son répertoire; la nouvelle venue se cantonna dans les rôles wagnériens légers, Senta, Elisabeth, Elsa — et puis les Mignon, la Comtesse des *Noces*, la Marguerite, mais de de Boïto. Dès lors, Patti put se lancer à cœur perdu dans les Dinorah et autres Semiramide — voire tout simplement Zerlina — où elle faisait merveille.

Ces guerres semi-ouvertes, ces rivalités, ces escarmouches autour d'un contre-fa, pour parfois pacifiées qu'elles fussent, n'en conduisirent pas moins à une atmosphère de plus en plus difficile.

La situation était d'autant plus détestable que la qualité de ce qui se donnait dans le même temps au Her Majesty's Theatre était de tout premier plan. C'est ainsi qu'Anton Seidl n'y dirigea rien moins que le *Ring*, et qu'à Drury Lane, Hans Richter, le grand Richter de Bayreuth, donna *Tristan* et les *Meistersinger*. Face à ce défi, mais un peu tard, Gye voulut tenter de rétablir l'équilibre. A grands frais, il s'efforça de monter lui aussi, en 1884, sa saison allemande; il importa des chanteurs de Berlin et de Bayreuth, prévut 12 représentations, se vit contraint d'en donner 15 tant le succès était grand, mais tout avait été préparé à la hâte, le déficit fut finalement considérable et Gye dut s'effacer. Pendant quatre ans, Covent Garden connut encore un destin troublé, fait de demi-échecs, de la faillite de ses directeurs successifs et de la gloire toujours florissante mais de plus en plus envahissante d'Adelina Patti. Mapleson lui-même, l'heureux directeur de Her Majesty's, tenta sa chance l'espace de trois saisons, il ne put rétablir la situation. Un certain Augustus Harris prit alors les rênes: ce fut un nouveau commencement.

*Chapitre quatre*

# Un vrai théâtre d'opéra

Au règne des stars allaient succéder la poigne des régisseurs, l'intelligence des directeurs musicaux, la vertu des directeurs artistiques : de 1885 jusqu'à la Première Guerre mondiale, Covent Garden sera l'un des hauts lieux non plus du seul chant constellé d'étoiles, mais d'une politique délibérée de construction de répertoire, et, partant, d'éducation d'un public avec cet atout supplémentaire que représenteront les plus belles voix du monde ; en trente ans, Covent Garden deviendra un théâtre exigeant pour un public exigeant. Seule Nellie Melba, autre star, allait peut-être parfois quelque peu bousculer ce beau programme, mais on le lui pardonnera : elle était une ; ils étaient cent.

Le premier de ces directeurs à savoir choisir une nouvelle voie fut donc Augustus Harris.

Après avoir occupé le poste de directeur de la scène à Haymarket sous la houlette de Mapleson, dès 1879 Augustus Harris acheta Drury Lane. Il devint ainsi très vite l'une des figures les plus en vue du Tout-Londres du spectacle. Avec son physique à la Prince-de-Galles, sa barbe en pointe et sa rondeur joviale, c'était un homme de la trempe des Frederick Gye avec, en plus, l'expérience des

*Sir Augustus Harris, caricature de Vanity Fair.*

échecs de ses prédécesseurs. Il se lança dans l'entreprise opéra avec une belle fougue et y réussit assez bien pour monter à Drury Lane, en 1887, une saison italienne d'un exceptionnel intérêt. Ce succès invita tous ceux qui voyaient avec tristesse le déclin de Covent Garden à lui en proposer la direction pour l'année suivante. Il accepta, et, très vite, ses méthodes se révélèrent celles d'un administrateur avisé.

Harris commença par avoir recours, comme Gye, à des patronages illustres parmi lesquels la reine qui, sans pour autant revenir à Covent Garden, accepta d'inscrire son nom parmi ceux de ses protecteurs; il rallia de même le prince de Galles, qui devait pourtant préférer d'autres plaisirs à ceux offerts par les vestales de l'art lyrique mais voulut bien lui faire plaisir. Surtout, Harris sut s'entourer d'une équipe de ce qu'on appellerait aujourd'hui des « musicologues » qui présentaient en outre pour lui l'immense intérêt d'être aussi des critiques musicaux influents: Herman Klein, du *Sunday Times*, et Bernard Shaw lui-même, qui assurait, parmi beaucoup d'autres fonctions officieuses dans le monde artistique de son temps, celles de critique musical au *Star*. Il fallut d'ailleurs quelque temps à Harris pour se mériter les bonnes grâces de George Bernard Shaw qui, dans un premier temps, lui reprocha vertement de ne pas avoir de vrai directeur de scène — sinon, bien sûr de metteur en scène: l'emploi n'existait pas — ne fût-ce que pour mettre un peu d'ordre dans les chœurs. « Dans *Les Huguenots*, écrivit Shaw, pas moyen de savoir qui est catholique et qui est protestant. » Il est vrai que la plupart des décors et costumes étaient vieux de quarante ans et que le beau chant comptait plus que ce qui se passait sur le plateau. Harris y remédia. G. B. Shaw devint dès lors un supporter enthousiaste. Pour faire bonne mesure, Harris finit même par tout simplement acheter le *Sunday Times*, ce qui avait l'avantage de lui éviter tout risque de critique défavorable dans le grand hebdomadaire du dimanche. Dans le même temps, il réunit autour de lui un petit groupe de fanatiques de l'opéra choisis avec discernement dans la bonne société; il saurait à l'occasion se servir de leur pouvoir et de leur influence. Ce « comité » devint très vite l'élément moteur de la politique musicale du théâtre: son conseil et parfois son frein. Mais Harris avait besoin du support moral que ces messieurs et dames de grande famille pouvaient lui apporter. Figuraient parmi ces noms illustres le Earl de Grey, l'Honorable Oliver Montagu et Lord Charles Beresford, qui en assurait la présidence. C'étaient des gens de qualité, mais aussi des mécènes à poigne. Les épouses de ces messieurs étaient plus combattantes encore, et plus redoutables. Bientôt, Lady Beresford, et surtout Lady de Grey, qui devait devenir marquise de Ripon, eurent leur mot à dire sur tous les programmes comme sur toutes les distributions. Après la mort de Harris, Lady de Grey en arriva, contre ses successeurs, à se présenter en gardienne, parfois encombrante, de toutes les traditions: une Cosima, en quelque sorte, du chant franco-italien revu à la sauce londonienne.

## *Une Australienne à Londres*

La direction d'Augustus Harris ne durera que huit ans; le pas qu'il fera franchir à sa maison sera cependant considérable. Son arrivée au pouvoir correspond d'ailleurs à celle, à Covent Garden, d'une autre *prima donna assoluta*: Nellie Melba, « la » Melba. Melba arrivait d'Australie, via la Monnaie de

Bruxelles où elle avait remporté un triomphe l'année précédente dans la Gilda de *Rigoletto* : elle ne s'appelait encore que Nellie Armstrong, elle décida de changer de nom ; on sait ce que devait être le destin de son pseudonyme, notamment dans le domaine de la gastronomie...

A sa première apparition à Covent Garden, dans le rôle de Lucia, elle n'obtint pourtant qu'un succès mitigé ; on admira sa voix, certes ; en revanche, on lui reprocha d'être froide, de manquer de sens dramatique. « La salle était à moitié vide, raconta-t-elle plus tard dans ses Mémoires. Il régnait une apathie générale au parterre comme dans les loges. Même l'orchestre, avec lequel j'avais répété à la hâte et sans grandes précautions, semblait presque endormi. Et c'est ainsi que je chantai mon premier rôle à Covent Garden. Même si ceux qui me trouvaient bien étaient débordants d'enthousiasme, ils étaient peu nombreux, et semblaient à peine compter. » Elle chanta ensuite une Gilda, qui fut aussi tièdement accueillie. Lorsqu'on lui proposa alors de chanter Oscar, le page d'*Un Ballo in maschera* (*Un Bal masqué*), elle refusa tout net. Ce fut Lady de Grey qui insista pour qu'on la réengageât dans Juliette, face à Jean de Reszké. L'immense ténor était un spécialiste du vieux répertoire italien comme des grands rôles wagnériens, Lohengrin et Walther des *Meistersinger*. C'est lui qui changea son image. Leur apparition fut tout de suite un succès ; mieux : un triomphe. La vraie carrière de la Melba commençait. Jean de Reszké, habilement conseillé par Harris, lui montra les secrets de l'intensité dramatique, de l'art de se faire valoir, de souligner les émotions : la suite fut foudroyante. Avec de

*Nellie Melba dans* Roméo et Juliette *de Gounod, en 1889.*

Reszké, elle chantera l'*Esmeralda* d'Ambroise Thomas, en 1890, puis d'autres rôles, plus lourds : ensemble, ils formeront l'un des couples les plus fameux de l'histoire de l'opéra. Pendant vingt-cinq ans, sans autre interruption qu'une saison manquée, Nellie Melba figurera chaque année sur les affiches de Covent Garden. Au lendemain de la guerre, en 1919, elle reviendra encore sur les planches et fera ses adieux à « son » public en 1926 dans des scènes de *La Bohème* et d'*Otello*. A Melba et Jean de Reszké se joindront bientôt Edouard de Reszké, le frère de Jean, puis les plus immenses noms du moment: Emma Calvé, Lillian Nordica, Pol Plançon, De Lucia. Face à l'équipe du Metropolitan, à celle de l'Opéra de Paris, la troupe de chanteurs qu'Harris et ses successeurs avaient constituée pour Covent Garden fera du théâtre londonien l'un des laboratoires de l'art lyrique de son temps, en même temps qu'une de ses plus admirables vitrines.

*Emma Calvé en 1903.*

Au règne de la Patti avait ainsi succédé celui de la Melba, et l'influence de la nouvelle vedette devait être au moins aussi importante, sinon aussi absolue, que celle de la jeune *Sonnambula* de 1861. Comme Adelina Patti, la Melba connaissait l'art d'aller de l'avant et de construire une carrière. Elle avait commencé par conclure avec Lady de Grey une alliance indéfectible. On imagine mal le genre de relations qui pouvaient exister entre l'aristocrate de haute lignée rompue à tous les travaux pratiques de la vie londonienne, et la petite chanteuse venue de sa lointaine Australie, promue étoile à la voix d'or qu'on finirait par anoblir (*Dame* Nellie Melba) pour achever de lui donner une respectabilité; les grandes carrières sont pourtant faites de ces étranges alliances: qu'on se souvienne de Callas et d'Elsa Maxwell. La Maxwell n'était qu'une journaliste dans une Amérique en quête d'étoiles, Lady de Grey était une héroïne jamesienne à la recherche de son double, trouble et éclatant.

Pour la Melba, Lady de Grey fit montre d'une jalousie redoutable face à toutes celles qui auraient pu lui faire ombrage. C'est ainsi que Geraldine Farrar — une Carmen si célèbre que lorsqu'on fit un film (muet, bien entendu) de la nouvelle de Mérimée mâtinée de l'opéra de Bizet, ce fut Farrar qu'on choisit pour le rôle parfaitement silencieux— se vit toujours interdire l'accès de Covent Garden. De même Emma Eames, que Gounod commit le crime de préférer à Melba dans le rôle de Juliette, mais qui était aussi une Marguerite, une Elsa, une Desdemona dont la protégée de Lady de Grey entendait chanter seule les rôles, ne revint à Covent Garden que très tard, en 1901. Selma Kurz, qu'on voulait entendre à Londres en Lucia, en Gilda, en Violetta et dont les trilles fameux faisaient se pâmer tout Vienne, fit de brèves apparitions puis se vit barrer la scène de Bow Street pendant près de vingt ans. Mais nous les connaissons bien ces cabales-là, et l'Opéra de Paris lui-même n'en a pas été avare.

On raconte que même le succès du grand baryton italien Titta Ruffo lui porta ombrage: il fut un trop bel Enrico dans *Lucia*. Melba elle-même n'était pourtant pas Lucia ce soir-là, rien n'y fit; elle affirma qu'il était trop jeune pour chanter son père dans *Rigoletto*: « Pas crédible ! » affirma-t-elle. Bien plus tard, Titta Ruffo devait prendre sa revanche au Teatro Colon de Buenos Aires: « Pas crédible ! » protesta-t-il quand on lui proposa à nouveau Melba pour fille: cette fois, Gilda était trop vieille pour qu'il fût son père !

Seule, au cours de cette période, Luisa Tetrazzini parvint, entre 1907 et 1914, à faire une vraie carrière à Covent Garden. Même Lady de Grey n'y put rien; il est vrai que le grand soprano italien avait l'appui de Frank Rendle, le beau-frère de Harris, et de son propre beau-frère Cleofonte Campanini qui dirigea de 1905 à 1912 presque toutes les grandes saisons d'opéra italien. Ces deux dames, la Melba et la Tetrazzini, conclurent donc une paix armée et se partagèrent les rôles du répertoire traditionnel.

Il est vrai que le répertoire lui-même s'élargit considérablement pendant tout le règne de Harris et celui de ses successeurs à la tête de Covent Garden. On y donna des œuvres toutes nouvelles que le public d'avant aurait probablement boudées: *I Pagliacci*, *Falstaff*, *Manon Lescaut*, *Werther* et, peu à peu, on perdit l'habitude qui prévalait jus-

*Luisa Tetrazzini.*

que-là de tout traduire en italien pour faire «plus opéra»: le français, l'allemand même furent chantés sur scène. D'ailleurs, quand bien même les prouesses de Melba ou d'Emma Calvé continuaient à attirer les mêmes foules, à susciter les mêmes enthousiasmes, Wagner et l'opéra allemand avaient fait une percée décisive et obtinrent bientôt à Londres le même succès que dans le reste du monde. En 1892, des solistes et le nouveau chef de l'Opéra de Hambourg vinrent donner le *Ring*: le jeune chef s'appelait Gustav Mahler. Ce fut d'ailleurs à l'occasion de ce *Ring* fameux qu'on décida d'éteindre les lumières qui restaient jusque-là allumées dans les loges et une partie des balcons pour permettre aux spectateurs de pratiquer à loisir le délicat plaisir opératique qui consiste à être vu autant qu'à voir soi-même. On protesta, certains amis de Lady de Grey se fâchèrent tout rouge, mais le noir l'emporta et ce fut désormais dans la quasi-obscurité qu'on connaît aujourd'hui qu'on joua non seulement Wagner, mais Verdi ou Puccini.

La mort brutale de Harris n'interrompit en rien cette politique. Après une gestion de quatre ans de l'imprésario tchèque Maurice Grau, qui avait fait ses preuves au Metropolitan Opera mais dont l'inévitable Lady de Grey surveillait tous les faits et gestes, André Messager traversa la Manche — tout en conservant sa place à Paris où, derrière la légèreté de sa propre musique, il était déjà le fantastique novateur que l'on sait. On lui reprocha néanmoins de ne pas s'occuper assez de son pied-à-terre londonien. La presse fut cruelle, le public snob se sentit snobé, le syndicat de Covent Garden reprit vite les choses en main et le gentil Messager retourna à ses études. Dès lors, à partir de 1904, un triumvirat constitué de l'administrateur Neil Forsythe et deux chefs, Percy Pitt — britannique — et le grand Hans Richter, s'installa au pouvoir. Ce fut une période d'intense activité artistique. Nellie Melba continuait à dominer la scène, flanquée de Jean de Reszké et du baryton Victor Maurel, mais aussi de Caruso, qui chantait Rodolfo lorsqu'elle était Mimi, ou d'Antonio Scotti, prodigieux Falstaff, Iago subtil et terrifiant, Scarpia hautain. Les autres grands du

*Antonio Scotti dans* Tosca *de Puccini.*

moment, les Emmy Destinn, les Tetrazzini, les Giovanni Martinelli avaient leur part dans la belle floraison de succès que, saison après saison, les nouveaux patrons de la maison récoltaient — en dépit parfois des vieux tenants d'un ordre ancien, Lady de Grey et autres conservateurs, qui protestaient bruyamment contre ce qu'on qualifierait aujourd'hui de « courageuse politique d'ouverture ».

Le répertoire continua à s'élargir, à se diversifier. Ce fut le temps des immenses *Tosca* de Milka Terninà, dont Puccini disait lui-même que nulle ne l'égalait dans le rôle de la belle et fatale jalouse. De même *Madame Butterfly*, donné avec Caruso, Scotti et — tout de même ! — Emmy Destinn, conquit encore plus vite les foules : face à Destinn et Terninà, dans ces grands rôles dramatiques, Melba ne pouvait rien.

*Enrico Caruso dans* Paillasse *de Leoncavallo.*

Comme partout dans le monde, le vérisme fit alors déferler sur la maison la vague irrépressible de ses sanglots mouillés et de ses larmoyantes colères : en 1904, ce fut *Adriana Lecouvreur* ; en 1905, *Andrea Chénier* ; en 1906, *Fedora* ; d'une manière générale, le public britannique fut malgré tout réticent dans ces enthousiasmes-là...

On préférait encore l'opéra français, dont la vogue se maintenait — bien qu'il fallût quelquefois ruser avec la censure ! C'est ainsi que l'*Hérodade* de Massenet devint... *Salomé* ! Hérode et Hériodiade s'y appelaient d'ailleurs Moriame et Hésatoade et l'action était transportée dans un improbable royaume d'Ethiopie : on n'avait pas le droit, sous le règne de l'imperturbable reine Victoria, de corrompre des spectateurs innocents avec les indécences de la Bible ! Ce conservatisme n'empêcha pas Richter et Pitt de monter des œuvres aussi neuves et peu conformes au goût britannique traditionnel que *Pelléas et Mélisande* (avec Rose Féart) ou *Parsifal*. De la même façon, une politique de création intelligente conduisit à offrir aux Londoniens des œuvres nouvelles, dont *The Dream of Gerontius* (*Le Songe de Geronte*), d'Elgar, donné en 1904 par Hans Richter et *Louise*, qui devint, avec Edvina, l'un des nouveaux opéras favoris du grand public.

En ces temps révolus d'une histoire fragile, alors que les empereurs de Russie ou les Kaisers rivalisaient avec les présidents de nos belles Républiques pour parcourir le monde et proposer aux foules sagement en délire l'image rassurante de leurs barbes plus ou moins béatement étalées, Covent Garden se mit à l'heure des galas qu'on donnait pour fêter dignement de si augustes visiteurs. Ce fut le temps de ces beaux programmes imprimés sur soie qui, dans leur cadre de bois affichés encore aujourd'hui un peu partout dans le théâtre, nous font tant rêver.

## *De la diva au chef d'orchestre*

Ce fut aussi le début du règne des chefs d'orchestre. A ce titre, l'arrivée de Richter marqua un changement sans précédent dans l'histoire de Covent Garden.

Richter aborda l'Angleterre par le biais d'une série de concerts qu'il donna en 1877 à l'Albert Hall, dirigeant du Wagner aux côtés de Wagner lui-même, avec qui il se partageait le public et les ovations. La bénédiction du maître de Bayreuth suffisait à l'introniser, il devint dès lors un habitué des scènes et des salles de concert de Londres, où il se montra un chef intransigeant. Tout: chanteurs, costumes, programmation, public, passa au crible impitoyable de sa lucidité. C'est ainsi que, relisant la partition de *Così fan tutte* tel que le dirigeait l'infortuné Costa, il n'y trouva pas moins de 430 erreurs! En 1884, on l'a vu, ce fut lui qui offrit au public anglais, à Drury Lane, ses premiers *Tristan* et *Meistersinger*. Un peu plus tard, il s'occupa de l'orchestre Hallé, puis du festival de Birmingham: il ne lui restait plus qu'à entrer à Covent Garden par la grande porte, on a vu aussi comment.

Il fut dès lors d'une rigueur sans pareille avec l'orchestre, traita les chanteurs comme ils l'étaient à Bayreuth: un vent nouveau souffla sur la maison. Messager lui-même profita de cette nouvelle approche. Lorsqu'un critique du *Morning Post* en arriva à lui reprocher de diriger *Don Giovanni* sans respecter les tempi qu'exigeaient les interprètes — il est vrai que les interprètes en question s'appelaient Destinn, Caruso, Scotti, Marcel Journet et Vanni Marcoux... — il fit valoir les droits et devoirs du chef d'orchestre, et l'emporta sur son fabuleux quintette.

Le point culminant des efforts de Richter et

*Enrico Caruso.*

de Pitt fut, en 1907 et 1908, l'exécution des deux premiers *Ring* complets jamais donnés en langue anglaise. Le souhait de Pitt était, en effet, de créer une compagnie permanente qui assurerait à Londres la promotion de tout le répertoire ancien et moderne en le chantant en anglais. On voulait, on rêvait d'un véritable opéra populaire. D'ailleurs, on prévint les spectateurs : point n'était besoin de « s'habiller » pour des représentations : on imagine le frisson qui agita les tenants de la tradition orthodoxe ! « Si ce but (établir une compagnie britannique permanente) est atteint, écrivit Richter dès le mois de janvier 1907, j'aurai réalisé l'un de mes plus grands projets et enfin montré toute ma gratitude à un pays qui m'a offert son hospitalité depuis plus de trente ans. » A Glyndebourne, trente ans encore après, des Fritz Busch et des Carl Ebert auraient, à l'égard du même public britannique, la même reconnaissance...

Le résultat fut un fantastique succès, tant public que critique. La quasi-totalité des chanteurs était d'origine anglo-saxonne, à l'exception du Siegfried danois de Peter Cornelius, du Mime allemand de Hans Bechstein et de la Brünnhilde norvégienne de Berghild Bryhn, qui chanta le rôle en alternance avec Agnes Nicoll et Perceval Allen. Pour le reste, toute la distribution était britannique, australienne ou américaine. Si aucun des artistes de ce *Ring* ne fit ensuite une très grande carrière, à l'exception peut-être du mezzo Edna Thornton, l'ensemble était d'une admirable cohérence. Londres découvrit ainsi que, plutôt qu'une poignée de vedettes rassemblées au hasard d'une distribution, placées sur scène en fonction des courants d'air et dirigées par un chef attentif au moindre de leurs souhaits, l'opéra pouvait devenir une œuvre collective sous la baguette d'un chef qui menait l'ensemble selon une conception qui lui était propre et à laquelle tous les musiciens, dans la fosse et sur la scène, devaient se plier : le rôle du chef d'orchestre devenait enfin ce qu'il est aujourd'hui. On peut dire que, d'une certaine manière, on venait d'inventer, après l'Allemagne, l'opéra moderne.

## *Thomas Beecham*

L'année 1910 marqua un nouveau tournant dans l'histoire du théâtre, mais ce devait être à partir de la même proposition de départ: le règne du chef d'orchestre. L'histoire frôle l'anecdote. Un jeune fils de famille qui se piquait de musique — son père avait fait fortune dans les produits pharmaceutiques et avait offert au monde en général et à l'Angleterre en particulier une poudre d'aspirine vendue en sachet qui se révélait un miracle contre tous les maux —, commençait à défrayer la chronique. Il avait des goûts d'avant-garde, affichait un intérêt particulier pour les Ballets russes et sa fortune colossale faisait le reste: il était un jeune homme influent, pour beaucoup ce n'était qu'un amateur. Il s'appelait Thomas Beecham.

Percy Pitt parvint néanmoins à le faire accepter par le « Grand Opera Syndicate » qui veillait aux destinées de la maison et Thomas Beechman organisa une étonnante saison. Son programme mérite qu'on s'y arrête: Pitt

*Thomas Beecham.*

lui-même conduisit *Hänsel und Gretel*, *L'Enfant prodigue* de Debussy et le médiocre *Ivanhoe* de Sullivan. Mais Beecham invita à Londres un jeune chef allemand, Bruno Walter, pour diriger *Tristan* et *The Wreckers* d'Ethel Smyth et se donna à lui-même le plaisir de conduire *A Village Romeo and Juliet* (*Un Roméo et Juliette villageois*) de Delius, et surtout la première en Angleterre d'*Elektra*. Pour couronner le tout, il proposa d'ailleurs à Strauss de venir conduire deux des neuf représentations de la série. On était bien loin, on le voit, de la politique de prudence qui prévalait un quart de siècle auparavant.

Tout cela fit d'autant plus de bruit que Thomas Beecham proclama haut et fort que, sans que soit pour autant révolue l'ère des chanteurs triomphants (c'était probablement une clause de style...), le moment était venu de donner une place au moins égale au chef et à l'orchestre. On imagine le froid qui courut dans le dos des stars du moment et des vieux habitués de la maison: en 1910, ce jeune homme élevé dans la soie et dans l'aspirine apportait rien moins que la révolution dans le monde frileux et corseté de l'opéra. Si on ajoute que les répétitions des seules soirées d'*Elektra* avaient bouleversé les habitudes de l'orchestre, défié tous les calendriers et prodi-

*Anna von Mildenburg, Hermann Weidemann et Edyth Walker, lors de la première londonienne de* Elektra *de Strauss, en 1910.*

gieusement entravé le cours normal de la vie de la maison, on comprendra que ce Beecham paraissait suspect. Sa saison fut pourtant un triomphe : il fallut bien le lui pardonner.

L'année suivante, il s'installa pour de bon à Bow Street et — au grand dam de ses détracteurs — il y resta. Il n'y vint d'ailleurs pas seul puisqu'il avait conclu pour Drury Lane un contrat avec les Ballets russes de Diaghilev et imposa à Covent Garden de reprendre le projet : 1911 marqua le retour en force du ballet dans une maison qu'il avait bien désertée.

Pour les fêtes du couronnement de George V, Nijinski, Karsavina et Adolph Bolm donnèrent *Le Pavillon d'Amide*, le *Carnaval* et les danses polovtsiennes du *Prince Igor*. La première saison comprenait en outre *Le Spectre de la rose, Les Sylphides, Cléopâtre* et *Shéhérazade*. Le succès fut si grand que Diaghilev revint dès l'automne suivant, avec *Giselle* et des pas de deux de *L'Oiseau bleu* et de *La Belle au bois dormant* où Nijinski et Anna Pavlova déclenchèrent des tonnerres d'applaudissements. Ce fut pourtant l'impériale Mathilde Kohessinskaya qui obtint le plus fulgurant succès, tant par son pas de deux avec Nijinski dans *La Belle au bois dormant* que par l'éclat de ses vrais bijoux de scène et celui de sa légende.

Cette intrusion spectaculaire de la danse et des danseurs dans le répertoire de Covent Garden devait être à l'origine d'un engouement qui connaîtra son vrai développement entre les deux guerres : l'opéra déjà n'était plus seul à occuper la grande maison.

Beecham, cependant, continuait son travail de découverte. Tout Strauss y passa : après *Elektra*, ce fut *Salomé* en 1912, *Der Rosenka-*

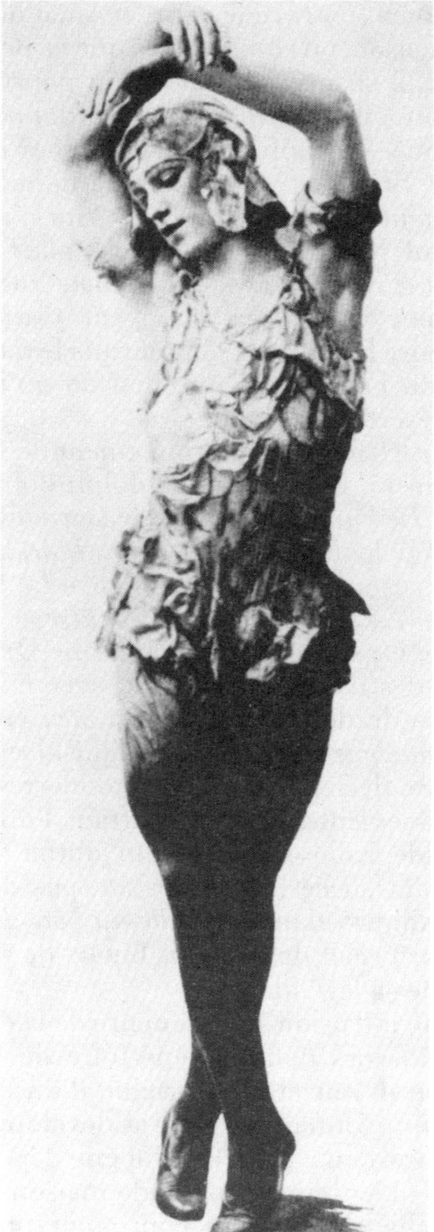

*Vaslav Nijinski dans* Le Spectre de la rose.

*Tamara Karsavina et Adolf Bolm dans* L'Oiseau de feu, *en 1912.*

*valier* (*Le Chevalier à la rose*) en 1913. La censure redoutable qu'exerçait alors le Lord Chancelier sur les mœurs des honorables sujets de Sa Majesté lui valut quelques jolis démêlés avec les autorités. Pour *Salomé*, on retrouva les mêmes difficultés qu'avec l'*Hérodiade* de Massenet: que faire de Jochanaan et de sa tête ensanglantée? Délibérément, on modifia les paroles les plus osées de la scène finale. Le Lord Chancelier était dans sa loge, tout se passa bien, Aïno Ackté, la Finnoise qui chantait le rôle, fut sublime, elle était belle, ses sept voiles tombèrent tour à tour devant un public enthousiaste; emportée par son élan, elle oublia les conventions de la censure, chanta ce qu'on lui avait interdit, la salle croula sous les applaudissements et le Lord Chancelier vint la féliciter sur scène: « Heureusement qu'on avait tout de même respecté ses consignes », affirma-t-il avec une

*Aïno Ackté dans* Salomé *de Strauss.*

belle assurance ; il ne s'était rendu compte de rien, nul ne le détrompa. De même, dans *Der Rosenkavalier*, le lit de la Maréchale, si pesant (et si utile...) au premier acte parut inconvenant : il fallut choisir entre sa présence et les allusions qu'y faisait le baron Ochs ! Ces vétilles n'empêchèrent pas le fougueux chef d'orchestre d'aller de l'avant et d'offrir à Londres la première des *Contes d'Hoffmann* — qui devaient demeurer une de ses œuvres fétiches — comme de *Tiefland* de D'Albert, en même temps que de bouleversantes représentations d'un répertoire qu'il faisait renaître : le Mozart des *Noces* et de *Don Giovanni* dans leurs versions authentiques, sans coupures ni salmigondis de rigueur, comme c'était si souvent le cas auparavant.

L'irrésistible ascension de Thomas Beecham se poursuivit ainsi jusqu'à la guerre. Celle-ci vint tout interrompre. On transforma le théâtre en entrepôt : effort de guerre oblige, on éteignit les lampions. Mais, prudent, Beecham convainquit son père que mieux valait tenir que courir : il acheta purement et simplement Covent Garden avec en prime le marché, le Théâtre Royal et Drury Lane ! Le duc de Bedford avait passé la main, c'était le triomphe de l'aspirine reconvertie dans la musique. Il ne restait plus, en 1919, au Conseil d'Administration de l'Opéra qu'à demander au chef d'orchestre de rejoindre ses rangs : c'était bien la moindre des choses. Pour une fois, les vertus conjuguées de la haute finance et de la grande industrie avaient amené la victoire de la vraie musique.

Encore une fois une ère nouvelle s'ouvrait.

*Chapitre cinq*

# Opéra et Politique

L'entre-deux-guerres fut une période troublée dans l'histoire du théâtre que nous aimons. Les plus grands triomphes alternèrent avec de véritables crises et deux formidables personnalités dominèrent en fait toutes ses activités, auxquelles elles imposèrent une marque indélébile : Bruno Walter et Thomas Beecham.

Pendant la guerre, Beecham n'avait en aucune manière renoncé à ses activités. Covent Garden était fermé ? Qu'à cela ne tienne, il travaillerait ailleurs. Ainsi, dès 1915, avait-il constitué ce qui devint la célèbre *English Opera Company* et donna-t-il des saisons au Shaftesbury Theatre, puis à l'Aldwych, enfin à Drury Lane : il tournait autour de la vieille maison, s'en rapprochait... On a vu comment il y revint en maître en 1919. Ce premier succès ne dura cependant pas longtemps.

Les choses s'annoncèrent d'entrée de jeu difficiles. L'*English Opera Company* s'installa bien à Bow Street avec armes et bagages — et un *Prince Igor* déjà monté à Drury Lane —, mais dès le début il y eut des défections. Ainsi, une querelle entre Puccini et Toscanini empêcha ce dernier de donner la première

*Emmy Destinn en 1908.*

anglaise d'un *Trittico* très attendu : Puccini écrivit à son éditeur Ricordi de faire tout ce qu'il pouvait pour empêcher « ce porc » de Toscanini de conduire ses trois opéras en un acte. Peu après, on dut de même abandonner l'idée d'un *Simon Boccanegra* avec Emmy Destinn et Giovanni Martinelli. Bien sûr, il y eut les *Bohème* de rigueur, une belle *Thaïs* avec Edvina, *Un Ballo in maschera* avec Destinn et, encore une fois, Martinelli ; mais Thomas Beecham, qui dirigeait, devait affronter de plus en plus souvent une Melba, encore au faîte de sa gloire, qui le haïssait.

L'un affectait d'ignorer l'autre, il y eut de belles querelles: c'était vraiment le retour du grand opéra des étoiles bafouées! Melba claqua la porte en 1920, les difficultés financières s'amoncelèrent, il y eut même une mémorable dispute entre Diaghilev — qui devait revenir à Covent Garden avec ses ballets — et un Thomas Beecham volontaire et irascible; bref, à la fin de 1920, Beecham liquidait sa compagnie, mettait la clef sous la porte et allait voir ailleurs.

Jusqu'en 1925, ce seront alors des hauts et des bas. Covent Garden devint une maison d'accueil. La *Carl Rosa Company* s'y installa pour deux saisons avec une jeune vedette bien anglaise, qui devait devenir la grande Eva Turner. On alterna le répertoire italien, les inévitables *Bohème*, avec des Bizet, d'autres Puccini; on commença un nouveau *Ring* qu'on ne put terminer, la critique était mitigée.

Elle le fut aussi pour la *British National Opera Company* (la BNOC), qui occupa les lieux à partir de 1922. Cette fois, les objectifs étaient beaucoup plus ambitieux. Les créations nationales se succédèrent à un rythme accéléré: Holst, Smyth, Boughton; on était résolument britannique, on était résolument exigeant mais le public l'était aussi, différemment, et le succès se fit attendre. On pense à ces programmations ambitieuses de certains directeurs d'opéras contemporains: ils veulent innover, découvrir, fouillent dans les archives et se heurtent à l'indifférence des spectateurs qui ne retrouvent pas ce qu'ils ont toujours aimé. Pitt, qui était à ce moment-là encore aux commandes, entreprit même de radiodiffuser ses spectacles. Le 6 janvier 1923 fut à cet égard une matinée historique: pour la première fois en Europe, une radio, la BBC, diffusait en entier et en direct un opéra ; c'était *Hänsel und Gretel*, on applaudit très fort, et on subit le *Perfect Fool*, de Holst, qui suivit peu après : Maggie Teyte était inoubliable, on a bien oublié le *Fool* en question. « Quand allons-nous avoir enfin, à nouveau, du grand opéra ? » demanda publiquement dans le *Times* Harry Higgins, vieux président encore en fonction du Syndicat de la maison, qui était désormais dépourvu de tout pouvoir.

Il fallait en finir. Une tournée de l'Opéra de Vienne était prévue pour 1924, elle fut annulée pour des raisons financières ; Bruno Walter devait, avec Strauss lui-même, en être l'un des principaux éléments : Strauss ne put venir, Walter vint tout de même à Londres : il y resta.

## *Les années Walter*

La lune de miel entre Covent Garden et Bruno Walter dura sept ans : ce fut une extraordinaire floraison d'opéras allemands, de voix descendues de la Colline sacrée de Bayreuth, de Berlin, de Vienne. L'opéra italien en prit d'abord un sacré coup, Melba fit, en 1926, des adieux sans retour ; et même si on créa *Turandot* en Angleterre avec Lotte Schöne, les grands moments de ce Covent Garden investi par Bruno Walter furent d'inoubliables *Don Giovanni*, des *Rosenkavalier* à se mettre à genoux, des *Tristan* plus beaux qu'on ne peut aujourd'hui les imaginer.

Ce fut aussi le Don Giovanni de Mariano Stabile, noble entre tous, avec rien moins autour de lui que Frida Leider, Lotte Leh-

*Bruno Walter répétant avec l'orchestre dans le Crush Bar, en 1930.*

mann, Elisabeth Schumann: quelle *Tosca* de routine pouvait rivaliser avec cette distribution que rien au monde ne pouvait égaler?

Et le *Rosenkavalier*? Lehmann, bien sûr, Delia Reinhart, au visage d'ange, Elisabeth Schumann en Sophie, le plus grand baron Ochs de tous les temps: Richard Mayr dont la stature imposante hante encore, soixante ans après, Salzbourg. Le disque nous a laissé des traces de ces distributions-là, et que nos Maréchales d'aujourd'hui, nos gentils Octavian, nos douces Sophie semblent subitement pâlotes, à leurs côtés. Quant au *Tristan* de Frida Leider, Lauritz Melchior, Maria Olczewska (l'Octavian du *Chevalier* du disque) et d'Herbert Janssen, c'est devenu un classique.

L'opéra italien lui-même connut pourtant, après 1928 — et le départ de Melba — un

*L. Melchior et F. Leider dans* Tristan et Isolde *de Wagner.*

éblouissant renouveau: rêvons dès lors de Ponselle, l'unique et fulgurante Rosa Ponselle de 1929 en Norma, sculpturale, outragée et

*Rosa Ponselle dans* Norma *de Bellini.*

triomphante, de Maria Jeritza, bouleversante, bouleversée Tosca, étonnante Fedora. L'arrivée de Tullio Serafin, qui devait devenir dans

*Maria Jeritza dans* Tosca *de Puccini.*

les années quarante le « découvreur » de Callas, allait faire le reste, en même temps que les pouvoirs réels donnés à un vrai metteur en scène, l'Italien Gioacchino Forzano, transfuge de la Scala. Ainsi renforcé sur son « flanc » italien, Covent Garden deviendrait en quelques saisons le lieu géométrique de toutes nos nostalgies. A la « Casta diva » de Ponselle, olympienne, répondait l'émouvant « Vissi d'arte » de Jeritza ; Lehmann, la seule, tentait d'arrêter la fuite du temps en se levant la nuit pour arrêter les pendules, Ochs-Mayr valsait éperdument, nul mieux que Stabile ne savait murmurer à Zerlina-Schumann un ineffable « La ci darem la mano » et, en leur nom à tous et en notre nom aussi, la formidable Leider saluait pour nous le monde : Isolde buvait le philtre de Brangäne et Londres était à ses genoux. Jusqu'à Chaliapine qui achevait de le combler. Le disque, qui émergeait enfin de ses brouillards, nous offrirait ces bouquets de bonheur dont Bruno Walter, avec une foi inébranlable, fut l'artisan.

On aimerait répéter à l'infini ces noms, ces livrets, ces mots venus de la musique; ils sont eux-mêmes musique. Une musique aimée qui a bercé notre enfance par la grâce des microsillons, qui, les «repiquant», la retrouvèrent — et dont le disque laser, aujourd'hui triomphant, nous montre bien qu'elle vaut toutes les mille et trois variations sur des thèmes rabâchés ou des œuvres dites méconnues que les éditeurs du moment se croient obligés de publier avec des stars éphémères, sitôt découvertes que cassées. Bien mesquines apparais-

*Frida Leider dans* Tristan et Isolde *de Wagner.*

*Feodor Chaliapine dans* Boris Godounov *de Moussorgsky, en 1929.*

sent dès lors les divergences, les querelles qui vinrent mettre fin à ce nouvel âge d'or. L'argent, toujours l'argent, était au centre du problème: l'opéra coûte cher, il coûte de plus en plus cher. Et puis, en ce temps-là, les saisons étaient courtes: huit semaines tout au plus pour la saison d'été. On accumulait alors les œuvres, les artistes: de 1924 à 1931, Covent Garden n'offrit pas moins de 57 opéras différents. En 1931, Ramsay MacDonald fut le premier Premier Ministre à accorder une subvention au théâtre: on promit 25000 livres, on n'en donna que 15000, la situation devint dramatique. Si on ajoute à cela que ceux et celles qui avaient succédé à Lady de Grey — Lady Snowdon, par exemple — commençaient à trouver que ce festival permanent de musique allemande ou italienne conduisait à trop négliger la bonne vieille Angleterre et ses chers compositeurs, l'équilibre artistique comme financier de la maison se fit de plus en plus précaire: à la beauté absolue, on opposait l'argent, le chauvinisme, le « little-englandisme » déjà, encore. Downing Street même entra en scène, il y eut des pressions. Bruno Walter résista comme il put, il finit par démissionner: Thomas Beechman avait déjà un pied dans la porte laissée entrebâillée au départ de Walter.

Le retour de Beecham marqua la seconde grande époque de Covent Garden d'entre les deux guerres. Mais Beecham ne revint pas seul: il amena avec lui un nouvel orchestre, le London Philharmonic, qui allait remplacer dans la fosse les membres du London Symphony qu'on réunissait au coup par coup, en fonction des besoins. Tout de suite on s'inquiéta: quels seraient les nouveaux caprices de l'enfant prodigue? Pendant quelque temps, le Comité intrigua, résista, puis Lady Snowdon, dont le rôle, dans l'ombre, était devenu grandissant, en démissionna dans les mois qui suivirent. Dès lors, et rapidement Beecham se mit au travail.

Au début, tout n'alla pas pour le mieux du monde, c'est le moins qu'on puisse dire. En fait, la critique fut sans pitié.

Après ceux de Bruno Walter, ses *Rosenkavalier* (pourtant toujours avec Lotte Lehmann) déçurent; un *Ring* conduit par Leopold Heger n'obtint pas davantage de succès. On s'indigna contre un *Otello* en italien où Melchior (pourtant lui!) chantait son rôle en allemand. Il fallait remettre la maison en ordre. A Lady Snowdon succéda Lady Cunard: l'Angleterre est riche de ces grandes dames pour lesquelles il n'est pas de petites besognes lorsque la grande musique et le roi (ou son opéra) sont en jeu! On voulut aussi avoir recours à un nouveau chef, Vittorio Gui, pour conduire le répertoire italien; Gui ne put venir, ce fut dommage: on sait ce qu'il a fait bien plus tard à Glyndebourne. Son remplaçant, Gino Marinuzzi, avait une certaine réputation, il ne suffit cependant pas à remonter le prestige de l'opéra italien dans la grande maison.

Dans le même temps, l'orientation « allemande » de Covent Garden se précisait davantage. On se fit dès lors ambitieux quant aux décors, aux costumes: on commanda un *Ring* à Gabriel Volkoff, un *Fidelio* au grand Rex Whistler; et surtout Otto Erhardt, transfuge de Dresde, s'installa comme metteur en scène attitré. Les costumes de Volkoff pour le *Ring* épouvantèrent; on hurla d'horreur devant les kilts des Walkyries et le *Götterdämmerung* sombra, semble-t-il, plus dans le ridicule que dans l'incendie du Walhalla. Déjà, cependant, des ombres plus lourdes planaient non seulement sur la musique, mais sur l'Europe... Il y eut encore une belle *Arabella*, avec Viorica Ursuleac et Clemens Krauss. Mais, au même moment, la première saison de Glyndebourne révélait au public anglais Fritz Busch et Carl Ebert, c'était un *Figaro*, un *Così*, bientôt un *Don Giovanni* inégalable: la concurrence deviendrait rude.

On dépensa dès lors beaucoup d'argent: 300 livres par soirée pour Benjamino Gigli, 200 livres pour Lauri-Volpi. Conchita Supervia, qui naissait au monde, exigea et obtint 100 livres; l'argent ne faisait toujours pas le bonheur des spectateurs. Lily Pons fit ses débuts à Covent Garden en Rosina, on promit

*Lily Pons,*
*photographiée par Mishkin*
*en 1931.*

un pont d'or à Grace Moore, cocktails et réceptions fastueuses à l'appui, pour qu'elle devînt une Mimi quasi holywoodienne: il s'installait dans la maison de bien fâcheuses habitudes.

Ceci compensant cela, Beecham renoua avec la tradition des « saisons » d'opéras étrangers invités. En 1936, l'Opéra de Dresde vint à Londres pour neuf soirées; la *Music Drama Opera Company* de Coates, donna 25 représentations, Beecham lui-même n'en donna que 27, cette saison-là. Et les publics furent clairsemés: seul l'Opéra de Dresde attira vraiment les foules.

## *L'Allemagne à Londres*

Ce fut paradoxalement la politique musicale de l'Allemagne nazie qui rétablit la situation à Londres.

On a trop oublié, dans le monde de la musique, l'étonnante personnalité de Berta Geismar. Assistante à Berlin de Furtwängler, elle fut de ceux qui consolidèrent le pouvoir du grand chef allemand; juive — celui-ci la protégea jusqu'en 1936 — elle tenait en main tous les fils du destin de l'orchestre de Berlin. Lorsque la situation devint pour elle intenable en Allemagne, elle choisit l'exil et, comme tant d'autres, l'Angleterre. Furtwängler était très lié à Thomas Beecham, ce fut tout naturellement qu'elle se retrouva aux côtés de ce dernier. Elle assura dès lors un lien déterminant entre les deux mondes de la musique, à Berlin et à Londres. Ses souvenirs, qu'on a traduits après la guerre chez Albin Michel, sont l'un des plus terribles témoignages sur l'utilisation que fit de l'art, et singulièrement de la musique, le régime nazi: dès 1933, Goebbels avait su que la culture peut servir la politique...

Quels que furent son mépris et sa haine pour cette Allemagne-là, Mme Geismar voulait servir l'Allemagne de toujours, les musiques qu'elle aimait et Furtwängler, qu'elle vénérait. Aux côtés de Thomas Beecham, elle joua un rôle irremplaçable dans les dernières années de cette nouvelle avant-guerre.

Dans un premier temps, il s'établit entre les Opéras de Berlin et de Londres une collaboration active. Furtwängler vint en Angleterre en 1927 et 1938 diriger des *Ring* fameux (le disque nous les a, eux aussi, laissés) avec Heinz Tietjen, intendant de l'Opéra de Berlin. Comme c'était Tietjen qui avait installé Preetorius à Bayreuth, les *Ring* de Londres et de Bayreuth furent à peu près les mêmes ces années-là. De même, Tietjen conçut-il pour Londres *Der fliegende Holländer* (*Le Vaisseau Fantôme*) et un *Orphée* de Gluck que Beecham fut lui-même invité à diriger ensuite à Berlin. Lorsqu'on voulut aller encore plus loin dans la réciprocité et qu'Hitler, magnanime, offrit un tout nouveau *Lohengrin* pour marquer les fêtes du Couronnement de George VI, Beecham refusa tout de même.

C'est que, peu à peu, la « collaboration » entre les deux Opéras connaissait des vicissitudes. Ainsi, l'immense Knappertsbusch, qui devait diriger *Parsifal* et le *Rosenkavalier* se vit-il refuser par les nazis son visa de sortie d'Allemagne ; le moins que l'on puisse dire est qu'il n'avait pas des mots très tendres pour le régime en place. Cela déplut. Ribbentrop, alors ambassadeur à la cour de Saint-James, ne voulut pas intervenir, en dépit des demandes réitérées de Lady Cunard : la politique l'emportait sur la musique. Tout juste permit-on à Knappertsbusch de se rendre à Londres pour diriger à la sauvette une *Salomé* pendant l'hiver 1936-1937.

Dans le même temps, Beecham avait de curieuses idées... Ainsi offrit-il à Karl Böhm, qui avait remplacé Fritz Busch à Dresde, de conduire en une seule soirée (oui : une seule soirée !) à la fois *Elektra* et *Salomé*. Böhm refusa : Beecham se rattrapa avec un double programme plus absurde encore : *Gianni Schicchi* et *Salomé* : pourquoi pas ?

Après l'Anschluss, on connut dès lors d'étranges cohabitations dans les coulisses de Covent Garden : l'admirable Tiana Lemnitz avait des faiblesses pour l'ordre nazi, comme la basse-baryton Rudolph Bockelman ; Lotte

*Lotte Lehmann dans* Arabella *de Strauss.*

Lehmann, en revanche, Herbert Janssen, Richard Tauber, avaient volontairement quitté Berlin, tandis que Rose Pauly, juive, en avait été chassée: tout ce monde-là se retrouva sur les mêmes plateaux, dans les mêmes loges. La petite histoire veut que la courageuse Lotte Lehmann ait abandonné la scène au milieu du premier acte d'un *Rosenkavalier* parce que ses partenaires l'avaient insultée.

C'était presque la fin. Le public juif de Londres commençait à protester contre une politique trop ambiguë de la part d'un Beecham qui ne pensait qu'à l'avenir de son Opéra: il fallut redresser la balance à la hâte, revenir à l'opéra italien, ce qui n'engageait guère, ce qui ne provoquait personne. D'ailleurs, l'entrée des troupes allemandes en Tchécoslovaquie arrêta net un projet de tournée de l'Opéra de Prague avec *Russalka* de Dvorak et *Le Secret*, de Smetana. On donna à la place *La Fiancée vendue*: ce n'était pas de très bon goût.

Mais si Hitler était maître à Berlin, Mussolini l'était à Rome et, du côté du répertoire italien, les incidents finirent par se multiplier aussi. Après beaucoup d'atermoiements, on parvint à mettre sur pied une visite de l'Opéra de Rome. Vittorio Gui conduisit *Il Trovatore, Otello, La Traviata* et *Tosca*; Beecham se réserva les *Aïda*, confia au jeune Constant Lambert une série de *Turandot*. Lauritz Melchior, qui chantait Otello, se fâcha avec tout le monde, l'ambassadeur d'Italie intervint, Walter Legge, le nouvel assistant de Beecham (qui devait épouser Elisabeth Schwarzkopf et inventer dans les années cinquante l'opéra au disque) arrondit les angles mais la politique était désormais trop installée au cœur de Covent Garden pour que rien n'y fût plus comme avant. Une saison encore, des Gigli et des Caniglia, du « mal canto » à pleine voix, Germaine Lubin venue de Paris — ou les sœurs Konetzni exilées pour compenser, Paul Schöffler, Ludwig Weber, Herbert Janssen, jusqu'à José Luccioni, et c'était fini. La guerre, encore une fois, arrêta tout : on mit un parquet sur les stalles d'orchestre de l'Opéra, on éteignit quelques lampions, les ouvreuses se firent accortes et on y fit danser les permissionnaires !

# *Chapitre six*
# Intermède dansé

C'est avec un ballet, *La Belle au bois dormant*, que Covent Garden a rouvert ses portes après la guerre; pendant toute la période précédente, et tandis que se succédaient les soirées de rêve et les tristes tensions qu'on a tenté d'esquisser, le ballet avait, en fait, continué à tenir une place importante dans le répertoire du théâtre. Comme au XIXe siècle, il avait été l'un des fleurons de la vie artistique londonienne et toute l'histoire de Covent Garden, fût-elle avant tout pour nous celle de l'opéra, ne saurait passer le ballet sous silence. Après tout, même les danseuses sont nos mémoires...

On l'a vu, c'est dès 1911 que Diaghilev était venu pour la première fois dans l'auguste maison. Baptisée « Ballet Impérial Russe » — il fallait en imposer... —, sa compagnie, Nijinski en tête, avait dansé un copieux programme à l'occasion de la saison du Couronnement de George V.

L'habitude s'était ainsi établie et d'année en année, les Ballets Russes retournèrent à Londres, se partageant parfois entre le Garden et Drury Lane où Beecham s'était établi. Ainsi Massine y triompha-t-il avec *La Boutique fantasque* ou *Le Tricorne*, mais aussi avec *Pulcinella* et *Le Chant du rossignol*, dont les

*Moira Shearer, Leonid Massine et Beryl Grey dans* Le Tricorne *de Falla, en 1947.*

premières marquent une étape capitale dans l'histoire du ballet et, plus généralement, de la musique mondiale. Il fallut pourtant attendre onze ans après la guerre pour que Diaghilev revienne. Et ce fut, dès 1929, la formidable découverte, pour l'Angleterre, d'un Balanchine et d'un Serge Lifar, d'une Alicia Markowa. Il y eut *Les Sylphides* et *L'Après-midi d'un faune, Petrouchka* et le *Sacre du printemps* de Massine, *Le Renard* de Lifar et le jeune Igor Markevitch qui joua pour la première fois, dans la foulée, son *Concerto pour piano.* Ce fut une apothéose: le 26 juillet 1929, le dernier rideau tombait à Covent Garden sur les Ballets Russes; le 19 août, Diaghilev mourait à Venise.

Il fallait pourtant continuer. A Londres, la *Camargo Society* prit la relève: les noms de Ninette de Valois et du cher Frederick Ashton s'inscrivirent pour la première fois au programme du Garden. Dans le même temps, le *Vic-Wells Ballet* faisait ses débuts au Sadler's Wells. Mais on regrettait le temps des Ballets Russes, aussi réunit-on comme on put des

*Serge Lifar dans* Apollon Musagète *de Stravinsky, en 1928.*

rescapés de la débâcle qui suivit la mort de Diaghilev et, en 1934, le colonel — eh oui: un colonel! — de Basil prit possession de la scène royale. Dès lors, changeant parfois de nom au fil des années, les Ballets Russes, avec Massine, David Lichine, voire la toute jeune Irina Baronova, multiplièrent les créations. En 1938, ce fut le ballet de Monte-Carlo, puis la guerre arriva, le rideau ne se leva jamais sur la dernière saison, prévue pour septembre 1939. Pendant toute cette période, la scène royale n'avait servi que de théâtre d'accueil — mais quel accueil!

Aussi, lorsque le 20 février 1946, le Sadler's Wells Ballet donna sa *Belle au bois dormant* devant la famille royale et (presque) tout le gouvernement britannique, on avait décidé d'arrêter là ces errances: le Sadler's Wells Ballet allait bel et bien devenir la compagnie permanente de la maison: en 1956, il s'appellerait tout simplement le Royal Ballet. Ce furent, dès le début, les jours de gloire de Freddie Ashton, assisté de John Cranko et de Kenneth MacMillan. Avec, jusqu'à sa mort en 1951, Constant Lambert pour animateur musical, le Sadler's Wells, puis le Royal Ballet, se hisserait très vite au rang des plus grands.

On nous pardonnera de ne pas retracer le détail de ces grands moments où les noms d'Ashton mais aussi de Margot Fonteyn, un peu plus tard de Rudolf Nureiev, s'inscrivirent en lettres d'or d'une histoire légendaire qui dura une bonne quinzaine d'années, ce n'est pas le propos de ce livre; on voulait seulement rappeler que la *Cendrillon* de Freddie Ashton, pour ne citer qu'elle, avec Ashton lui-même dans le rôle de l'une des deux méchantes sœurs — Ashton tordu et biscornu, grandiose! — appartient tout autant à la mythologie de Covent Garden que la voix de Nellie Melba ou la baguette impérieuse de Thomas Beecham. Ce triomphe absolu d'une nouvelle école de danse anglaise se poursuivra de 1970 à 1977 sous la direction de Kenneth MacMillan. A l'âge d'or du ballet retrouvé succéderont les danseurs d'aujourd'hui, et ce ne sera pas si mal; lentement, comme sur la pointe des pieds, les Margot Fonteyn, les Ninette de Valois, Ashton lui-même vont s'éclipser et nous reprendrons le fil un instant interrompu du récit qui est le nôtre, celui de la vie d'un théâtre d'Opéra.

*Margot Fonteyn et Rudolf Nureiev, Marguerite et Armand, en 1963.*

## *Chapitre sept*

# Un théâtre national

C'est seulement en décembre 1946, avec la *Fairy Queen* de Purcell, que Covent Garden a rouvert ses portes à l'opéra, après six années de purgatoire coloré: on l'a dit, pendant que les bombes déferlaient sur Londres, on dansait la polka et le boston sous le regard un peu triste de nos nymphettes ailées du troisième balcon qui se souvenaient d'autres musiques...

Dès la fin de la guerre, on avait bien tenté de renouer aussitôt avec la tradition, mais une multitude de problèmes administratifs et juridiques s'étaient tout de suite posés. Ainsi, Covent Garden avait été loué à la Société des Cafés *Mecca*, toute-puissante en ce triste âge d'or, qui organisait dans l'Angleterre entière bals du samedi soir et autres bingos pour ménagères désœuvrées: il fallait dénoncer le contrat et les dirigeants de *Mecca* se firent prier.

Mais surtout, on se devait de mettre en place une véritable structure d'Opéra moderne: le temps des divas toutes-puissantes et des « golden boys » du cachet d'aspirine reconvertis en génies de la baguette était révolu; l'opéra coûtait cher, trop cher pour être abandonné aux seuls amateurs. Et puis, l'État travailliste intervenait partout; il était moins spectaculaire de subventionner un théâtre lyrique que d'offrir des dentiers gratuits à tous les bénéficiaires du National Health Service; on ne pouvait, néanmoins, ignorer la culture et les arts. Déjà, pendant la guerre, un *Conseil pour l'encouragement des arts* avait été mis sur pied; c'était une manière de sous-ministère (largement privé) de la Culture. L'*Arts Council*, qui lui succéda, avait un tout autre poids. Présidé par Lord Keynes, l'économiste, il allait en réalité jouer un rôle décisif dans toute la politique culturelle britannique de l'après-guerre. Ainsi, ce fut Keynes lui-même qui se retrouva tout naturellement à la tête du nouveau comité chargé d'élaborer le statut de ce qui deviendrait la *Royal Opera House*. Des personnalités de tout premier plan se joignirent à lui: le musicologue E.J. Dent, Samuel Courtauld, l'historien de l'art Kenneth Clark, le compositeur William Walton, l'éditeur de musique Leslie Boosey (de *Boosey and Hawkes*) et d'autres: on était entre gens sérieux, on allait pouvoir parler musique, mais aussi argent.

Tout de suite, le principe d'une subvention régulière de l'*Arts Council* fut admis. De 50000 livres la première année, elle allait tripler en quatre ans. Puis, le *Trust* ainsi constitué nomma un directeur musical, Karl Randl, qui était passé par Vienne, Berlin (où il avait été l'assistant de Klemperer), Graz et Prague. On désigna également un directeur musical adjoint, Constant Lambert, qui venait du Sadler's Wells, et un « consultant » pour la production: Frederick Ashton. Mais surtout, on désigna un quasi-inconnu, David Webster, comme administrateur: ce sera, peu à peu, Webster qui, jusqu'en 1970, conduira la maison vers son nouveau destin.

*David Webster et Maria Callas.*

Toute l'organisation reposait au départ sur un principe très simple: il fallait se montrer aussi anglais que possible. A plus de quarante ans de distance, à l'heure où l'opéra est devenu un spectacle international par excellence, jusque dans ce que cet internationalisme a de plus détestable, on peut sourire du chauvinisme, très « little England », qui présida au choix de cette option. Mais elle se voulait radicale: on encouragerait *d'abord* la production d'œuvres contemporaines britanniques; on recruterait *d'abord* des chanteurs britanniques; les metteurs en scène seraient *d'abord* britanniques et, bien entendu, on reviendrait à l'idée de chanter l'opéra en anglais. On reste confondu devant tant de bonne volonté et un si ardent patriotisme; n'oublions quand même pas que l'Angleterre, sortie exsangue de la guerre, croyait encore en son Empire et qu'un réflexe de contribuables

*Kirsten Flagstad et Hans Hotter dans* La Walkyrie *de Wagner, en 1948.*

vertueux devant la vertigineuse ascension des impôts se traduisait par la formule : on ne va pas payer des impôts pour enrichir des artistes étrangers. Dès lors, courageusement, on se mit au travail et, courageusement, des Hans Hotter et des Kirsten Flagtsad entreprirent d'apprendre le *Ring* en anglais — car on ne trouvait pas encore de Wotan écossais, ou de Brünnhilde galloise. Laborieusement, aussi, on traduisit à tour de bras en anglais des livrets italiens ou allemands. Dent était un spécialiste : il se remit au travail. Et puis, on décora, on costuma anglais. Britten et Bliss composèrent *Billy Budd* ou *Gloriana*, *Les Olympiens* ; Walton, son *Troilus and Cressida* ; Vaughan Williams son *Pilgrim's Progress* ; un peu plus tard, Tippett le *King Priam* et le *Midsummer Marriage*. Quelques chanteurs anglais se révélèrent : Monica Sinclair, Sylvia Fisher, Geraint Evans, déjà.

Tout cela resta quand même très maigre : en fait, d'année en année, il s'avéra que les objectifs ouvertement affichés par les membres fondateurs du nouveau Covent Garden ne correspondaient pas aux goûts véritables du véritable public d'opéra traditionnel. Dans le même temps, dans son théâtre de Rosebury Avenue, la compagnie de Sadler's Wells, qui pratiquait des prix plus réduits, réussit de son côté à attirer vers un répertoire chanté en anglais tout un public estudiantin et plus populaire.

Ce fut Karl Rankl qui fit au premier chef les frais de cette démagogie. Exaspéré par une critique qui s'acharnait sans pitié sur les productions de sa maison, il finit par donner sa démission en 1951. Peut-on dire sans blasphémer que le principal artisan de sa chute fut pourtant... Peter Brook ?

En 1947, Peter Brook était déjà cet elfe malicieux qui traverse aujourd'hui si allègrement le monde des apparences; tout juste était-il moins rondouillard, moins grisonnant. Il venait de remporter un succès sans précédent à Stratford avec *Romeo and Juliet* et c'est tout naturellement que David Webster fit appel à lui. Il s'agissait de monter un *Boris Godounov*. Dans des décors de Wakhevitch, Brook se lança à cœur perdu dans ses fantaisies : un canard insolite (un critique le qualifia d'obscène!) fit scandale dans la scène de l'auberge, on qualifia de pantomime la scène du Couronnement, bref, la critique ne fut pas tendre avec lui. Pourtant, l'arrivée de Peter Brook à Covent Garden marquait le début d'une ère nouvelle: déjà Frederick Ashton avait porté de bout en bout la production de la *Fairy Queen* inaugurale, et Tyrone Guthrie, metteur en scène de *Peter Grimes*, quelques mois plus tôt, avait été, au moins autant que Britten et que Rankl, puis de Reginald Goodall qui dirigeait l'œuvre, l'un des principaux responsables de son succès : on était entré dans la période du metteur en scène triomphant.

A nous qui avons connu les beaux orages de Bayreuth sous Boulez et Chéreau ou le théâtre dans le théâtre de carton-pâte façon Mesguich dans le même *Ring*, les productions du Peter Brook d'alors paraîtraient bien innocentes; elles n'en furent pas moins, à l'époque, de beaux sujets de scandale. Et ceux qui dénoncent aujourd'hui si vertement les « mauvaises habitudes » prises par « nos » metteurs en scène devraient se souvenir qu'à Covent Garden, à la fin des années quarante, on ne faisait — si l'on peut dire — pas mieux ; ou on faisait beaucoup mieux : tout est question d'appréciation.

L'année suivante, Peter Brook récidiva. Ses *Nozze di Figaro*, avec Schwarzkopf et Seefried, Geraint Evans en Figaro, ne soulevèrent guère de problèmes. Mais, après des *Olympiens* de Bliss, ce fut une *Salomé* plus révoltante encore que *Boris* pour les habitués des loges et des stalles. Cette fois, les décors étaient d'un certain Dali (Salvador) et, du *Sunday Times* à l'*Observer*, du *Times* au *Daily Telegraph*, l'indignation fut absolue. La colère s'étendit, on évoqua d'autres productions maison. On se souvint de la *Manon* qu'avait montée Frederick Ashton pour la première saison : venu du ballet, il avait presque osé faire de l'opéra de Massenet, rappela-t-on, un ballet ! Quant à la *Carmen* pourtant bien innocente qui avait suivi, c'était devenu « un bal costumé monté sur un paquebot de luxe ». Dès lors, la collaboration Peter Brook-Dali fut qualifiée de désastre abyssal : aussi bien la nature de l'œuvre que les intentions de Strauss avaient été totalement trahies ; en un mot : « Strauss avait été traité comme un compositeur faible d'esprit de l'École de Satie, voilà vingt-cinq ans. » C'était sans appel. Peter Heyworth, notre cher Peter Heyworth qui était alors un jeune loup — on verra qu'il se fit aussi les dents ailleurs — n'y alla pas par quatre chemins. « Mr. Brook peut affirmer qu'il fait du bon théâtre ; c'est peut-être du bon théâtre, en effet, mais c'est de l'épouvantablement mauvais opéra. » Richard Capell, enfin, dans le *Daily Telegraph*, résuma la situation et donna *sa* leçon : « Les metteurs en scène d'opéra doivent être les humbles serviteurs de la

*Ljuba Welitsch, Musetta dans* La Bohème *de Puccini.*

musique; ils ont pris sur eux-mêmes de mener le jeu; le résultat est une complète falsification de l'œuvre.» Ah mais! Quarante ans plus tard, on l'a dit, on ne fait pas mieux; ou alors pour éviter de sombrer dans ce qu'on croit être un piège, on crie tout à coup au miracle, à nigaud, nigaud et demi. Tout est affaire de mesure: pour la critique anglaise de la fin des années quarante, ce Mr. Brook avait passé la mesure. Comme il réussit au milieu de 1951 à se brouiller avec Boris Christoff qui vint alors chanter *Boris* pour la première fois (le pauvre Christoff dut entrer en scène sans véritable répétition), le jeune prodige mal aimé finit par donner sa démission. Il en avait beaucoup fait; en avait-il trop fait?

Il est vrai que dans cette période des tout débuts de Covent Garden nouvelle manière, on partait de zéro, il fallait tout reconstruire: dans leur angélisme « little Englander », *Rule Brittannia* et *God save the King* ( ou *the Queen*), l'équipe au pouvoir ne s'en était peut-être pas suffisamment rendu compte. D'ailleurs, la critique n'avait pas été plus tendre pour beaucoup d'autres productions de la maison. Ainsi, une *Bohème* avec une distribution internationale (c'est le moins qu'on puisse dire: Schwarzkopf, Rudolf Schock, Ljuba Welitsch et Paolo Silveri) mais chantée en anglais, naturellement, fut-elle considérée comme aggravée par d'épouvantables accents... étrangers, bien entendu. Et puis, on s'acharna aussi sur les artistes maison, ces fameux « chanteurs anglais » (Anglais, Américains, Australiens...) qu'on mettait une si belle énergie à recruter: d'improbables Audrey Bowman et Doris Dee, Maréchales ou Reines de la Nuit vacillantes, le Papageno de Graham Clifford, le ténor Hubert Neville réunirent bien à force l'unanimité, mais des mauvaises critiques, cela s'entend.

Les positions de Rankl, qui portait tout ce monde à bout de bras, s'effritaient. On appela Clemens Krauss à diriger un *Fidelio*: Krauss avait eu des « faiblesses » pendant la guerre; Rankl s'en émut. Puis Beecham revint. Beecham qui n'avait pas eu que des mots aimables pour les nouvelles orientations de Covent Garden, voire pour Rankl lui-même: il dirigea de beaux *Meistersinger* avec la grande

*Clemens Krauss avec Richard Strauss à Londres, en 1947.*

Elisabeth Grümmer. Mais Grümmer n'était pas britannique: pour Rankl à son tour, c'était trop, il démissionna lui aussi. Constant Lambert venait de mourir. Si le plateau regorgeait de chanteurs sur lesquels on prenait un malin plaisir à tirer à boulets rouges, la salle était souvent à moitié pleine; les bureaux directoriaux, en revanche — celui de Webster excepté — étaient bien vides.

Suivit une période d'incertitude. Il fallait mener une maison d'Opéra sans directeur musical. Tous ceux qu'on pressentait se récusaient. John Barbirolli, plus anglais que nature — c'était un bon point —, préféra demeurer à la tête de son orchestre Hallé bien-aimé. Il avait pourtant reçu des ovations infinies dans une *Aïda* avec une certaine Callas (en alternance, il est vrai, avec Gré Brouwenstijn). On essaya du côté de Joseph Keilberth qui vint à Londres à plusieurs reprises. Il dirigea un *Rosenkavalier*, un *Tristan* avec de glorieuses équipes anglo-saxonnes, ou des *Noces*, un admirable *Wozzeck* avec Christel Goltz. Mais lorsqu'il sut le montant des salaires alors en vigueur dans l'Angleterre d'après-guerre, il fut bien obligé de constater qu'il ne pouvait s'installer à Londres avec femme et enfant.

On se retourna alors vers John Pritchard, qui venait de mener à bien une jolie série de représentations de Mozart à Glyndebourne, dont une fameuse résurrection d'*Idomeneo*. On le mit à l'essai: il fit un beau *Ballo in maschera* avec une autre inconnue qui s'appelait Joan Sutherland. Encouragé par ce succès, il fit dès lors *tout* dans la maison: *Rigoletto* et *La Flûte, Figaro, Tosca, Bohème, Norma*. On lui confia, en outre, un nouveau *Lohengrin* et, pourquoi pas, le nouvel opéra de Tippett et celui de Britten: la situation lui échappa vite, bousculé, débordé, on déclara tout bas d'abord, bien haut ensuite, qu'il n'était pas à la hauteur. Ce n'était pas vraiment sa faute. Exit pourtant John Pritchard.

Pendant quelques mois, on crut que Rudolf Kempe, alors directeur à Munich, allait sortir vainqueur de cette course d'obstacles passablement dangereuse. On se souvient, nous, des *Meistersinger* gagnés en hiver, par des routes verglacées dans le vieux Prinzregententheater qui servait alors d'Opéra d'État en Bavière, puisque l'Opéra d'Etat lui-même avait été anéanti par la guerre. Et Kempe vint bien, en effet, à Londres. Il y conduisit d'abord une *Arabella*, la première britannique de *Die Liebe der Danae*. On l'engagea encore pour une nouvelle *Salomé*, avec Ljuba Welitsch; un *Freischütz*; il ne put finalement faire ni l'un ni l'autre, tout au plus des reprises du *Chevalier* et d'*Elektra*.

Pendant ce temps, les chanteurs venus d'ailleurs s'étonnaient parfois de l'accueil qui leur était réservé. Après avoir divinement chanté sa Maréchale, Schwarzkopf fut traitée

*Rudolf Kempe.*

de « soubrette » par Peter Heyworth : elle battait trop des paupières ! affirmait-il. Schwarzkopf se jura bien de ne pas revenir à Covent Garden, elle tint parole. Il fallait faire quelque chose. Entre une critique qui jouait au matador avec chaque production, un public souvent clairsemé, des chefs d'orchestre surchargés et des metteurs en scène renvoyés à leurs chères études, la situation de la maison devenait intenable.

En octobre 1954, on nomma Rafael Kubelik directeur musical de Covent Garden.

*Chapitre huit*

# « Le meilleur Opéra du monde... »

Peut-être a-t-on trop longuement insisté sur les difficultés que traversa la re-création de Covent Garden au lendemain de la guerre. Il s'agissait seulement de montrer qu'un Opéra ne se crée pas de toutes pièces à coups de bonne volonté, de dogmatisme et de quelques maigres subventions. Ceux qui, de par le monde, envisagent aujourd'hui de construire de nouveaux Opéras devraient-ils y réfléchir un peu plus ? Nous n'oserons répondre à cette question.

Toujours est-il qu'à partir de la nomination de Rafael Kubelik, en 1954, puis de Georg Solti son successeur en 1961, Covent Garden allait désormais (re)devenir l'un des meilleurs Opéras du monde. Quelques hommes — ou femmes — doivent être associés à eux dans cette entreprise. D'abord David Webster, lui-même, dont le rôle jusqu'en 1970 sera de tenir entre ses mains les rênes d'un ensemble de partenaires de très grande classe, mais souvent d'opinions divergentes. A sa retraite, en 1970, puis à sa mort, en 1971, on a fait tant d'éloges de David Webster qu'il serait absurde de renchérir. Pour le public britannique des maniaques d'opéra, Webster est une sorte d'idole. Ce fut certainement un excellent administrateur. Mais d'autres, et non des moindres, furent associés à ce succès. A commencer par deux hommes, dignes représentants de cette longue tradition d'aristocrates britanniques qui, de temps en temps, veillèrent au salut de l'Empire en même temps qu'à celui de son Opéra. Lord Harewood, d'abord, cousin germain de la reine, fondateur de la revue *Opera*, qui devait, avec Harold Rosenthal, connaître une diffusion mondiale. Marié en premières noces à la fille

*Lord Harewood.*

d'un célèbre éditeur de musique juif viennois, Harewood fut très vite la coqueluche des milieux musicaux de Londres, et du monde entier. Il traitait d'égal à égal avec les plus grands et, lorsqu'il fut nommé plus tard à la tête de l'English National Opera qui vit le transfert au Coliseum de la troupe de Sadler's Wells, il parvint à faire de l'English National Opera ce que les fondateurs bien pensants de l'« opéra en anglais » de Covent Garden n'avait pas réussi, malgré leur bonne volonté, à créer : un véritable opéra populaire en anglais. D'ailleurs, très vite, face au public (un peu *stiff*, diraient nos amis britanniques) de la grande maison, un véritable public de « fans » de l'English National Opera se forma peu à peu. Il n'est que de se souvenir des délires qui accueillirent à plusieurs reprises les diverses séries du *Ring* données en anglais par l'English National Opera sous la baguette lentissime mais déterminée de Reginald Goodall. C'est le même public, d'ailleurs, qui fit de Rita Hunter, formidable Brünnhilde aussi carrée que ronde, une manière de vestale d'un certain chant anglais... Mais c'est ce public aussi qui permit de découvrir quelques-uns des grands chanteurs de ce temps. A cet égard, et comme Glyndebourne, l'English National Opera jouera un rôle irremplaçable dans la création, puis la formation de cette nouvelle école de chant britannique (toutes Angleterre, Ecosse, Irlande et Galles confondues) qui triomphera sur toutes les scènes du monde. C'est à l'English National Opera que, pendant quinze ans, une Anne Evans sera une admirable Maréchale, avant que le public français ne daigne, à Nice et à Paris en 1988, s'apercevoir qu'elle pouvait être l'une des grandes Brünnhilde de ce temps même à Bayreuth, en

1989. Ce travail de découverte, cette attention aux êtres et aux musiques fut l'œuvre de George Harewood.

L'autre grand seigneur de cette période a été Garrett Drogheda, Irlandais d'origine, propriétaire du *Financial Times.* Lord Drogheda était un amateur éclairé qui, à la mort de Lord Waverley en 1958, lui succéda comme président. Certains, alors, s'étonnèrent : Drogheda n'était pas un spécialiste de l'opéra ; mais Waverley, lui, n'avait, dit-on, jamais vu un opéra de sa vie avant d'entrer en fonction : ceci valait au moins cela ! Lord Drogheda en savait tout de même un peu plus et, très vite, ce grand monsieur souriant, amateur de jolies femmes et esthète richissime, se révéla un véritable chef. Main de fer dans un gant de velours — cramoisi, bien sûr : on était à l'Opéra ! —, il décida de tout prendre en main, du choix des distributions à l'attribution de la loge royale, la célèbre « Royal Box » du « Grand Tier » où s'asseoir au premier rang redevint un privilège envié — mais tournant : chacun son tour ! Ses querelles avec certains de ses amis devinrent fameuses, Drogheda, comme Harewood, s'en est expliqué dans ses Mémoires, puisqu'il n'est pas, en Angleterre, de gentleman un peu connu qui ne publie dûment ses Mémoires.

Pour que le tableau de ceux qui firent le Covent Garden qu'on a connu — maison peut-être unique dans le monde au milieu des années 1960, mais encore dans les années 1970 — soit complet, il faut citer Arnold Goodman, président de l'*Arts Council*, qui dégagea enfin la subvention qu'il fallait à la grande maison et Jenny Lee, premier ministre travailliste des Arts (on dirait aujourd'hui en France : de la Culture) qui aimait assez l'opéra pour faire, elle aussi et le moment venu, les choix décisifs. Dès lors, Covent Garden était à même de devenir ce qu'il devint.

## *L'amorce du renouveau*

Et pourtant, au début de son entrée en fonction, Kubelik le caressa lui aussi à son tour, le vieux rêve de l'opéra en anglais. Dieu merci, les succès qu'il obtint ailleurs le dessillèrent. Si bien que, de 1954 à 1971 — date à laquelle Solti abandonnera ses fonctions —,

*Rafael Kubelik dirigeant* Les Troyens *de Berlioz.*

c'est à un véritable travail de reconstruction qu'on assistera; une reconstruction qui va, avec les années, se confondre avec perfection. Et même si, de 1956 (départ de Kubelik) à 1961 (arrivée de Solti), Covent Garden se retrouva sans directeur musical au sens plein du terme, on peut à juste titre estimer qu'aucune solution de continuité n'est venue interrompre sa prodigieuse ascension. D'ailleurs, les Webster, Harewood et Drogheda étaient là pour garantir le succès.

Ce sera dès lors une floraison de productions fameuses. Avec Kubelik, la maison s'ouvre à tout un répertoire qu'elle ignorait ou qu'elle avait oublié. Dès janvier 1954, un *Coq d'or*, dirigé par Markevitch, avait été un signe avant-coureur: le monde russe et l'opéra européen dans son entier allaient conquérir le public britannique. Ce furent, tour à tour, *La Fiancée vendue*, puis *Jenufa*, chantée en anglais par Amy Shuard; des reprises de *La Dame de pique*; la création londonienne, par Kubelik lui-même, des *Dialogues des Carmélites* mis en scène par Margarita Wallmann; ce furent surtout deux immenses réalisations: *Les Troyens* et *Don Carlo.*

On imagine mal ce que put représenter, en juin 1957, la première représentation intégrale des *Troyens* dans la mise en scène de John Gielgud. Et pourtant, nous savons, bienheureux Français que nous sommes, que Berlioz n'était guère prophète en notre pays depuis le début de ce siècle. Il a fallu l'acharnement de quelques hommes, au premier chef Kubelik — qui dirigea *Les Troyens* —, puis Colin Davis, qui reprit le flambeau, et le critique musical David Cairns, qui mit en œuvre avec Colin Davis la renaissance berliozienne au Royaume-Uni, pour que la grande lumière de Berlioz nous foudroie à nouveau. Si bien que cette soirée londonienne de 1957 où Jon Vickers, Amy Shuard, Blanche Thebom (ce fut bientôt Josephine Veasey qui devint la Didon de sa génération) firent découvrir à un public anglais abasourdi les mille richesses, les défis, les provocations de la partition de Berlioz, peut être marquée d'une pierre blanche dans l'histoire de l'opéra français.

Le deuxième formidable triomphe de cette période fut le *Don Carlo* donné pour la première fois en 1958 par Carlo Maria Giulini. La distribution rassemblée pour l'occasion était une distribution de rêve: on était bien loin des escouades de chanteurs anglais réunies à grand-peine voilà une décennie. Gré Brouwenstijn, à qui il serait bien temps de redonner sa vraie place dans nos mémoires d'amoureux de l'opéra était Elisabeth, Fedora Barbieri chantait Eboli, quant aux trois principaux rôles masculins, ils étaient tenus par ceux qui, à trente ans de distance, nous paraissent encore inégalés: Jon Vickers, un Carlo fiévreux, illuminé; Boris Christoff, le plus angoissé des Philippe; et Tito Gobbi en Posa romantique, absolu. La mise en scène, les décors étaient de Visconti: c'était le début d'un nouveau commencement, celui de ces grandes mises en scène italiennes, de ces décors dont Visconti, encore, puis Zeffirelli, bientôt Sanjust et Pier Luigi Pizzi seraient les artisans inspirés.

Kubelik avait déjà quitté Covent Garden lorsqu'on donna ce *Don Carlo*: Thomas Beecham, toujours lui, l'avait tant et si bien attaqué, en dépit de ses efforts pour trouver quand même des chanteurs anglais, qu'il avait préféré s'éclipser. Mais cette fois les

*Gré Brouwenstijn (Elisabetta), J*
*Cesare Siepi (Filippo), d*

chanteurs anglais ou de langue anglaise étaient là. On a dit Amy Shuard, Geraint Evans, Joan Sutherland; on a entrevu l'étoile montante de Josephine Veasey; il y avait aussi la basse Michael Langdon et puis les Joan Carlyle, les Peter Pears, bien sûr, et les Marie Collier: la première génération de chanteurs anglais était au rendez-vous.

On évoquera pourtant dès maintenant la figure fulgurante et tragique de Marie Collier, qui symbolise peut-être plus que toute autre,

*aw (Rodrigo), Ernst Kozub (Carlo),*
*n* Carlo *de Verdi, en 1962.*

à nos yeux, cette redécouverte d'une tradition. Même si Marie Collier n'a pas fait la carrière internationale que nous étions tous en droit d'espérer, elle a été une Jenufa inoubliable, une Tosca comme Callas seulement a su l'être elle aussi ; elle a, comme elle, été la figure de proue de ces statues de femmes foudroyées, humiliées par les hommes qui en ont tiré leur plaisir idolâtre. Dans le cas de Marie Collier l'idolâtrie ne fut pas au rendez-vous ; sa mort a été atroce.

*Joan Sutherland dans la scène de folie de*
Lucia di Lammermoor *de Donizetti, en 1959.*

Kubelik avait ouvert une voie royale, il suffisait de la suivre. Le répertoire de la maison s'élargit davantage, à mesure que renaissaient des œuvres nouvelles; *Lucia*, avec Sutherland; *La Sonnambula*, avec Sutherland encore; *Alcina*, avec Sutherland toujours, mais *Médée* avec Callas, et puis *Macbeth*, tant oublié.

Il y eut aussi les mémorables soirées conduites par Klemperer qui dirigea un *Fidelio* mis en scène par lui. Même si l'énorme décor fut jugé encombrant — une manière d'autoroute surélevée... —, la rencontre de Vickers, Jurinac et Hotter, avec Gottlob Frick en prime, fut un grand moment de l'histoire

*Marie Collier dans* Tosca *de Puccini.*

*Sena Jurinac, Jon Vickers, Otto Klemperer, John Dobson et Elsie Morison pendant les répétitions de* Fidelio *de Beethoven, en 1961.*

de ce théâtre. Vingt ans après, dans la même production, on attendait Anja Silja, ce fut une inconnue nommée Behrens qui la remplaça, au pied levé: un grand moment de notre histoire de l'opéra à nous.

Et puis, les mises en scène fameuses se succédèrent: *Cavalleria* et *Pagliacci*, par Zeffirelli; le superbe *Falstaff* de Zeffirelli encore, toujours superbe après trente ans, avec Giulini au pupitre, à la tête d'une distribution réunissant Mirella Freni, Luigi Alva, Regina Resnik et surtout Geraint Evans, qui fit de l'infortuné Sir John l'une des grandes créations opératiques de ce siècle.

*Geraint Evans, le Figaro des* Noces, *en 1971.*

L'ère Solti pouvait, dès lors, s'ouvrir. On l'a dit, on l'a répété, on a cité sa phrase avec fierté dans les chaumières anglaises: Georg Solti n'avait qu'une ambition en arrivant à Covent Garden: « en faire le meilleur Opéra du monde ».

On l'avait entendu au Covent Garden pour la première fois en décembre 1959, lorsqu'il avait dirigé ces *Rosenkavalier* où Schwarzkopf avait tant déplu à certain critique; auprès de la première Maréchale de ce demi-siècle (la précédente était Lehmann, bien sûr), il y avait Jurinac, Hanny Steffek et le baron Ochs de Kurt Böhme, truculent, un rien vulgaire, mais grandiose. C'est pourtant au festival d'Edimbourg, pendant l'été 1961, qu'il commença sa

*Sir Georg Solti.*

collaboration avec la compagnie royale. Il donna une *Iphigénie en Tauride*, avec Rita Gorr, et eut l'élégance de conduire *Midsummer Night's Dream (Le Songe d'une nuit d'été)* de Britten. Dès la fin septembre de la même année, le rideau se levait sur sa première *Die Walküre*. Ses enregistrements pour Decca l'avaient porté au premier rang des chefs wagnériens — une opinion que tous ne partagent pas toujours... — et Hotter, le grand Wotan de sa génération, avait conçu la mise en scène ; enfin, l'œuvre était tout de même (*at last !*) donnée en allemand. Hotter chantait Wotan. Ce fut un immense succès musical. Le décor, en revanche, suscita le mépris de la critique : la critique eut encore une fois raison, le *Ring* de Solti à Covent Garden en resta là pour le moment.

En réalité, ce ne furent pas les Wagner de Solti qui firent sa gloire à Covent Garden. Tout Wagner pourtant, ou presque, y passa. On applaudit, sans plus. On hua même, en 1966, un *Fliegende Holländer* où Gwyneth Jones chantait Senta. C'est avec Strauss et Verdi que Solti reçut ses plus grands succès.

Strauss, ce fut d'abord une *Arabella* où tout touchait au sublime : Della Casa et Fischer-Dieskau, avec Joan Carlyle en Zdenka ; et puis un *Chevalier* produit par Visconti, avec Sena Jurinac et Josephine Veasey. Mais ce fut surtout une inoubliable *Frau ohne Schatten (La Femme sans ombre)*, produite par Hartmann, dans une scénographie de Josef Svoboda. Hildegard Hillebrecht était l'Impératrice et James King l'Empereur. Donald McIntyre — le Wotan de Boulez et Chéreau en 1976 — un bouleversant Barak et Inge Borkh, sa femme, la Teinturière ; Regina Resnik chantait la Nourrice.

*Hildegard Hillebrecht et James King dans*
La Femme sans ombre *de Strauss, en 1967.*

Parmi les grands Verdi de cette époque, il faut s'arrêter sur l'extraordinaire *Traviata* que conçut Visconti pour Mirella Freni comme, dix ans plus tôt, il en avait inventé une première pour Callas. Inspirés de dessins de Beardsley, le décor, les costumes, tout était noir et blanc, avec une seule touche de rouge au premier acte, qui était le camélia, au corsage de Freni. Puis, à mesure que le mal et la douleur envahissaient Violetta, le rouge devenait tache de sang et prenait possession du décor : rarement Visconti fit une plus belle démonstration de l'union conçue en lui du texte, des images et de la musique.

Parmi les grandes soirées de cette ère Solti, qu'il ne faudrait surtout pas réduire à quelques sublimes créations, mais à une masse de reprises également heureuses, on terminera sur deux œuvres : *Benvenuto Cellini* et *Pelléas.*

Le *Cellini* fut l'œuvre de Pritchard, dans une mise en scène de John Dexter et des décors florentins en diable de Beni Montresor. Il fallait voir la statue du Persée sortir flamboyante des forges de Nicolaï Gedda! Quant au *Pelléas et Mélisande*, ce fut, après *Parsifal* à Bayreuth, la seconde grande réussite internationale de Pierre Boulez. Comme pour la *Frau ohne Schatten*, les décors étaient de Svoboda, voiles tombés des cintres où des images projetées, mouvantes et vivantes, faisaient d'étranges taches. La Mélisande d'Elisabeth Söderström était la plus ambiguë des innocentes: par quelle vie antérieure, trouble et maudite, était-elle passée avant que

*Nicolai Gedda dans* Benvenuto Cellini *de Berlioz.*

*Elisabeth Söderström.*

Golaud — humain, si humain McIntyre! — ne trouve cette petite fille auprès de cette fontaine? Yvonne Minton, grandiose Geneviève, George Shirley, jeune et frémissant — innocent Pelléas, lui, ô combien! — complétaient une distribution subitement peu orthodoxe mais si loin de ces souffles trop diaphanes des clichés sur lesquels nous avons vécu.

La dernière année du règne de Solti à Covent Garden est encore marquée par le *Knot Garden* de Tippett, dirigé (enfin!) par Colin Davis et mis en scène par Peter Hall: une nouvelle équipe allait peut-être naître.

*Chapitre neuf*

# Un théâtre d'aujourd'hui

La dernière saison de Solti à la tête de Covent Garden — ce feu d'artifice! —, c'est la fin d'une légende; c'est aussi un peu la fin de l'histoire: après lui, on entre dans le temps du présent. De Solti au Garden, on a vu les derniers feux: ce *Pelléas*, cette *Traviata*... Ensemble, on suivra ceux qui prendront la relève avec une autre sorte de plaisir: c'était un miracle, ce sera de la belle ouvrage. De la très belle ouvrage, parfois.

Mais ce que Solti a apporté à l'Opéra de Londres est considérable: avant Liebermann à Paris, il a mis en œuvre le double principe du « festival permanent » et de la « *stagione* », c'est-à-dire de ces soirées de représentations d'une même création données sur une période de temps assez courte pour que les mêmes chanteurs y participent, avec, en alternance, des reprises elles-mêmes données selon ce principe. Ainsi, telle *Traviata* donnée sur cinq semaines coïncide-t-elle d'abord avec des représentations d'un *Fidelio* et d'un *Elisir d'Amore* qui ont commencé avant elle, et de tel autre Verdi, de tel Puccini, qui continueront après elle. En gros, quatre ou cinq œuvres sont ainsi données simultanément sur une période d'environ deux mois; à l'inverse de ce qui se faisait alors dans la plupart des théâtres allemands, où l'on donnait parfois vingt-cinq opéras différents en un mois; ou de ce qui se fait à Paris, où on donne quelquefois deux œuvres sur deux mois, et deux œuvres seulement, avec beaucoup de vide autour.

Quant au festival permanent, ce sont ces prestigieuses (et coûteuses, il faut le dire) productions montées l'une après l'autre à grand renfort de voix célèbres venues du monde entier et de quelques grands chanteurs anglais qui ont commencé, à leur tour, à prendre la première place dans les distributions internationales.

On a dit, après Solti: de la belle ouvrage. On a pourtant pu rêver un moment d'un double attelage, musique et théâtre rassemblés, qui aurait réuni Colin Davis à Peter Hall. Comme Peter Brook quinze ans plus tôt, Peter Hall était devenu la coqueluche du théâtre britannique; une belle amitié s'était développée entre le chef anglais et lui. Et puis Peter Hall a hésité; il a eu peur d'être tenu trop éloigné du théâtre: il a renoncé. Un peu plus tard, il remplacera Laurence Olivier à la tête du National Theatre; plus tard encore, il acceptera à Glyndebourne les fonctions qu'il refusa à Covent Garden, on criera au miracle, nous serons plus prudents. Peter Hall n'est pas Peter Brook: restons-en là.

Seul aux commandes de la musique, Colin Davis verra bientôt Sir Claus Moser, haut fonctionnaire d'origine berlinoise, remplacer Garett Drogheda, tandis que John Tooley reprendra en main l'administration. D'abord généreux, le gouvernement conservateur d'Edward Heath et de Lord Eccles, nouveau ministre des Arts, augmentera sensiblement la subvention donnée à l'Opéra, jusqu'à ce que le premier choc pétrolier amène partout, jusqu'à Covent Garden, les économies que l'on devine. La première création de Colin Davis sera un succès, ce seront les *Noces* avec une jeune Comtesse inconnue: Kiri te Kanawa. Pour le reste, les producteurs attitrés de la maison seront les John Copley et autres John Dexter: la bonne qualité britannique. Mais les Rover d'aujourd'hui ne sont plus les Bentley d'hier. Plus tard, lorsque l'heure sera aux économies de bout de chandelle, on aura recours à un Elijah Mohinsky, qui réinventera après Wieland Wagner — mais sans son génie — un «opéra pauvre» (comme on dit un «théâtre pauvre»). Et on s'ouvrira à l'Alle-

*Kiri te Kanawa dans le rôle de la Comtesse des* Noces de Figaro *de Mozart, en 1971.*

magne avec quelques énormes productions, comme le nouveau *Ring* de Götz Friedrich.

Tout cela sera fort honorable, parfois passionnant. Ainsi, le *Ring* de Friedrich, avec un énorme plateau pivotant, monté sur piston: l'invocation de Wotan à Erda, au troisième acte de *Siegfried* — le plateau qui se lève comme si la terre s'ouvrait... — est l'une des plus impressionnantes auxquelles nous ayons assisté. Le *Götterdämmerung* en revanche, tout en miroirs suspendus, casques supraplanétaires et lentilles grossissantes, était plus contestable. Mais l'effort effectué dans le domaine des distributions demeurait stupéfiant. On se souvient d'un *Ballo in maschera* donné en « *stagione* » où se sont succédé dans le rôle de Riccardo rien moins que Bergonzi, Pavarotti et José Carreras en moins d'un mois et demi: si les étoiles étaient fugitives, elles étaient de poids! Il n'en restait pas moins que le principe même de la « *stagione* » à la Solti — un chanteur pour un rôle — en prenait un sacré coup...

L'heure était pourtant à la compétition. L'English National Opera à Covent Garden gagnait encore du terrain — et puis, les places étaient si bon marché; on chantait en anglais, bien sûr, mais Anne Evans, Sandra Browne et Valerie Masterson dans le même *Rosenkavalier*, c'était un bel ensemble. L'heure était si bien à la compétition qu'on s'avisa de préférer le *Ring* en anglais de Goodall à celui de Götz Friedrich. C'était injuste, Rita Hunter, la pauvre, était grotesque, mais c'était le triomphe du *Rule Britannia*. Du coup, un des principaux axes de la politique suivie par la troïka Davis-Tooley-Moser a été un renouveau d'encouragement à la création d'œuvres contemporaines de jeunes compositeurs britanniques. Ce fut un effort courageux. D'autant plus courageux, en vérité, que les successeurs des Britten et Tippett n'ont pas, et de loin, l'audience internationale de ces derniers. D'où un accueil en général assez favorable de la presse, voire du public, puis une indifférence tout aussi générale. Tel fut, entre autres, le cas de *Victory* de Peter Maxwell Davies, d'après l'œuvre de Joseph Conrad, ou de *Thérèse* de John Taverner. En dépit des limites de cette volonté de renouveau du répertoire, force est de constater que les efforts déployés en ce sens à Covent Garden sont autrement plus impressionnants que ce qui se passe au Palais Garnier, par exemple.

L'équipe mise en place n'a fait que poursuivre dans cette direction. En 1986, et après treize ans de ce qu'on appelle des « bons et loyaux services », Sir Claus Moser s'est vu remplacer à la tête du Conseil de la maison par Sir John Sainsbury, membre du Conseil depuis de nombreuses années, marié à la danseuse Anya Linden, et fameux dans le Royaume-Uni tout entier pour présider aux destinées de la chaîne des supermarchés qui porte son nom. Déjà, Beecham... C'est Jeremy Isaacs, venu de la télévision et plus particulièrement de cette chaîne innovatrice et très « culturelle » qu'est *Channel Four* qui a été nommé administrateur général, au départ de Tooley. La direction musicale a été confiée à Bernard Haitink assisté de Jeffrey Tate, chef principal, et l'incontournable John Cox a été nommé producteur maison. C'est cet attelage à cinq têtes qui préside aujourd'hui aux destinées de l'opéra à Covent Garden ; c'est lui qui, tout à la fois, conserve un passé et assure l'avenir.

Ancré au cœur de son quartier, avec des

*Bernard Haitink.*

restaurants qui en sont presque les annexes et des pubs qui en sont le vestibule, Covent Garden demeure bel et bien, en effet, l'un de ces multiples bastions que la plus vieille Angleterre a su défendre, contre vents et marées. L'ombre encore présente du Sergent Martin en est en quelque sorte le symbole. Mais au-delà de son folklore, la grande maison de Bow Street traverse, depuis quelques années, une phase de réflexion intense pour s'adapter au monde de l'opéra tel qu'il est aujourd'hui. Très rapidement, trop schématiquement peut-être, on évoquera tour à tour un peu de ce folklore et de cette modernité.

## *Les bonnes habitudes de la maison*

On commencera par le folklore en rappelant d'abord que ce folklore est partout et que tous les opéras du monde ont le leur: les saucisses de Bayreuth et les sandwiches ultra secs à la ouate autour d'une lamelle de jambon de l'Opéra de Paris en font partie, au même titre que les bougies de Vérone et le souper sur l'herbe mouillée à Glyndebourne. Covent Garden a donc aussi ses rites et ses cérémonies. On a vu le café de l'entracte, café aussi bouilli que fichu..., le verre de vin blanc servi par un barman jongleur, ces vieilles dames en robes longues qu'escortent de longs jeunes gens boutonneux. On a vu les jeunes filles en robes de mousseline, toutes les jeunes demoiselles d'une bonne société qui ont un peu été nos petites cousines; et les vendeuses de chocolats en robe noire bien stricte: ce sont là choses sérieuses qu'on évoque sérieusement.

Comme on ne peut que très sérieusement parler des Amis de Covent Garden (*the Friends*) qui constituent un monde à l'intérieur du monde. Nous sommes bien loin, ici, des vertiges mondains du Cercle Carpeaux, et on adhère aux *Friends*, non par cooptation ou mécénat éclairé, mais pour une simple poignée de livres sterling: on a même inventé pour les plus pauvres et pour les étudiants les *Young Friends* — naturellement encore moins coûteux à rejoindre.

Fondés en 1962, les *Friends* sont une très souriante société à peine secrète que la Direction de l'Opéra couvre de ses bienfaits. Ils ont le droit d'assister à des répétitions, ils ont des facilités d'abonnement et, surtout, ils constituent une caste à part de spectateurs privilégiés. Leur journal est un vrai magazine d'opéra, en même temps qu'une manière de *Who's Who* où de vraies informations sur la maison alternent avec de petites chroniques des grandes et des petites stars. Préside aux destinées de la revue le cher Ken Davison, l'un des piliers de cette maison, sans qui, non plus, Covent Garden ne serait pas tout à fait ce qu'il est. Et puis, les *Friends* ont leurs soirées à eux, bien à eux, qui tiennent du gala de fin d'année et de la représentation de patronage — mais un patronage dont les vedettes seraient des chanteurs bien-aimés. Nous n'oublierons jamais ainsi certain gala des années soixante, auquel on assista de la loge royale, où Geraint Evans et un jeune soprano de la troupe chantèrent un duo de *Don Giovanni*. Quoi de plus routinier que « La ci darem la mano », sinon le fait que c'était le malicieux Geraint Evans qui chantait Zerlina et que sa compagne lui répondait en Don Giovanni? Tout cela vous avait un air bon enfant à désarmer les plus sévères et, faute de champagne, le vin blanc coulait à flots sur les sandwiches au cresson.

Plus récentes, les *Proms* de Covent Garden font pourtant aujourd'hui partie de son folklore. On sait que les très anciens *Promenad Concerts* ont été créés par Henry Wood à l'Albert Hall. Pendant toute une longue saison d'été, le grand bâtiment circulaire de Kensington reçoit des dizaines de milliers de spectateurs dans un joyeux tohu-bohu subitement calmé aux heures de grande émotion. L'arène tout entière est dépouillée de ses stalles et le public s'y installe, pour un prix d'entrée plus que modeste, au hasard de ses inconforts, assis, couché à même le sol, seul, à deux, à plusieurs. Tassé, recroquevillé, courbaturé, on écoute Elgar ou Messiaen et la dernière soirée des *Proms* est une nuit de fête, chacun y va de son petit couplet et on porte des chapeaux de papier: plus britannique, on ne fait pas!

*L'ambiance des Proms.*

C'est cette mode-là que les dirigeants de Covent Garden ont introduite dans leur propre maison. D'abord timidement, puis avec une belle audace: jusqu'au *Ring* de Götz Friedrich qu'on a accommodé à cette sauce. Là aussi, la recette est la même: on retire les fauteuils d'orchestre, chacun s'affale où il peut pour seulement quelques livres; les spectateurs qui paient un peu plus, au « Grand Tier » ou aux balcons, entendent ce qu'ils peuvent. Les soirées de *Proms* sont une curiosité absolue pour qui ne les a jamais vues ou entendues; elles sont à éviter absolument pour qui préfère l'opéra au folklore. Nous avons, quant à nous, gardé de redoutables souvenirs de ces soirées-là...

## *Demain*

Pourtant, Covent Garden doit aussi se mettre à l'heure de tous les Opéras du monde. Construit en 1858, plus vieux que le Palais Garnier, le bâtiment de E.M. Barry est de plus en plus incommode. La scène ne bénéficie d'aucun dégagement, on a dû chercher des bureaux dans les rues avoisinantes, le ballet lui-même s'est vu contraint à l'exil du côté de Baron's Court. Et puis, le départ du marché qui faisait une partie du pittoresque du quartier, mais qui causait son engorgement, a ouvert de nouvelles perspectives: toute la physionomie en a été changée, et un vaste projet d'urbanisme a été peu à peu élaboré, où la Royal Opera House tient une part importante.

Il s'agit, en fait, d'agrandir les installations du siècle dernier, et de les rouvrir davantage sur la piazza d'Inigo Jones, devenue une aire piétonnière et touristique. Ainsi a-t-on imaginé tout un complexe artistique et commercial qui occupera en fait les surfaces existant à l'heure actuelle entre la piazza, James Street qui la coupe au nord, Floral Street où de nombreux bureaux et services du théâtre existent déjà, toute la façade de Bow Street, et Russell Street qui coupe la piazza à l'est. Tout cet ensemble doit, à terme, permettre aux spectateurs de retrouver le chemin de la vieille piazza, aux simples promeneurs de faire de l'Opéra lui-même un but de promenade, à chacun d'utiliser des espaces commerciaux nouveaux (restaurants, librairies, etc.) qui financeront de surcroît une partie des dépenses nécessaires à la création de nouveaux espaces au sein même de l'Opéra: ancien quartier de commerce et de plaisir, le nouveau Covent Garden renouera ainsi avec ses traditions. Jusqu'à quel point? Déjà, de jeunes et accortes personnes déambulent sur la vieille piazza, comme jadis...

Les aménagements techniques qu'on a voulu apporter à l'Opéra lui-même consistent pour l'essentiel en de plus grands dégagements pour les décors, une scène latérale entourant en quelque sorte la scène actuelle à l'ouest, au sud-ouest et au sud; une salle de répétitions sur James Street, une réserve de décors dans l'ancien Floral Hall. Au total, les surfaces utiles vont plus que doubler. La scène elle-même et la cage de scène seront enfin complètement reconstruites et des ascenseurs installés pour hisser directement les camions de décors jusqu'à la hauteur de la scène: ne construit pas un Opéra-Bastille qui veut. Au Palais Garnier, le site empêchait tout développement; la grande chance de Covent Garden est l'existence d'une véritable réserve foncière qui l'entoure sur deux côtés et permet de considérables extensions.

La première phase de ce vaste programme s'est achevée en 1982; la suite est en cours; on se propose de la poursuivre en interrompant le moins possible toutes les activités du théâtre. Quant aux aménagements commerciaux et urbanistiques, ils comportent déjà la mise en valeur du Floral Hall, la création de restaurants, de boutiques, d'un parking. Peu à peu, le projet a pris forme, il fera de ce Covent Garden rénové un théâtre (presque) moderne en même temps qu'un pôle essentiel dans la seconde vie qu'on veut donner à tout un quartier.

Avec une maestria bien britannique, les responsables de l'opéra ont su renouer avec le passé tout en construisant l'avenir. Quant au folklore, il demeure partout: c'est, autour du vénérable bâtiment, l'atmosphère d'une Angleterre éternelle qui allie les grands souvenirs du XVIII$^{e}$ siècle, Betty Careless et le *Rake's Progress*, au *Swingin'London* des années soixante, Jane Asher et mini-jupes...

*Chapitre dix*

# Du théâtre et des souvenirs...

Au fil de ses présidents, de ses administrateurs, de ses directeurs musicaux — et de ses dames patronesses et autres plus ou moins redoutables prime donne ! —, on a remonté le cours de l'histoire d'un théâtre aimé, de ses origines colorées et néo-hogarthiennes jusqu'à nos jours. On a vu son folklore, ses projets. C'est sur ce Covent Garden d'hier soir et d'aujourd'hui qu'on voudrait encore s'attarder maintenant : celui de tous nos souvenirs. On a dit, au début de ce livre, les odeurs de café à l'entracte et la ruée vers le métro au dernier rideau ; on a rappelé tout à l'heure quelques-unes des grandes soirées qui marquèrent cette époque, le *Benvenuto Cellini* de John Pritchard — ah ! Nicolaï Gedda ! — et la dernière *Traviata* noire et blanche de Visconti. C'est vers ce monde-là qu'on veut se retourner, qu'on nous le permette et qu'on nous le pardonne, il a été profondément le nôtre : celui d'un passé tout proche qui devient peu à peu notre aujourd'hui, notre demain. On feuillettera ainsi, saison après saison, un livre d'images où les voix se mêlent aux silhouettes, les visages aux statures immenses de quelques chefs qui sont à eux seuls des moments de l'histoire de la musique.

Qu'on nous le permette, qu'on nous le pardonne: c'est le carnet de nos propres souvenirs, les notes prises au fil des représentations pendant les années de Londres qui furent si bellement les nôtres, que nous feuilletons ici.

Tout a commencé par une silhouette dégingandée, un peu ridicule et sublime tout à la fois sur l'immense scène: c'était celle de Joan Sutherland dans une *Fille du régiment* naturellement dirigée par Richard Bonynge au cours de la saison 1966-1967. Le public applaudissait à tout rompre, *La Marseillaise* éclatait presque à l'improviste, on avait envie de rire, c'était grandiose. Plus sérieusement, il y eut alors deux voix pour nous transporter très loin vers l'ineffable: Sena Jurinac, qui chanta sa Maréchale dans une reprise de l'aérien *Rosenkavalier* dirigé par Solti et mis en scène par Visconti; et la découverte de Gwyneth Jones en Sieglinde, qui fera encore, et si longtemps, nos beaux jours. Mais peut-on oublier la formidable *Turandot* de Nilsson dans les ahurissantes chinoiseries, de type «Royal Pavilion» de Brighton revu avec un clin d'œil par Cecil Beaton? Surtout quand, face à Nilsson, se succédaient, au cours d'une même saison — eh oui! — les Calaf de Franco Corelli, de James McCracken (tant pis...) et de Sandor Konya, slavisant en diable. Tout frais débarqué d'un Palais Garnier quelque peu somnolent, on ne savait plus où donner de la tête, quand Sadler's Wells accumulait dans le même temps des tours de force à Islington et que des saisons entières de Haendel alternaient avec un Glyndebourne en pleine gloire.

La saison suivante (1967-1968) fut celle de *La Traviata* qu'on a dite: pourra-t-on oublier que Mirella Freni chantait Violetta, que Giulini était au pupitre? Mais cette saison fut, en réalité, la saison de toutes les étoiles: Sena Jurinac chanta *Tosca*; Joan Sutherland, *Norma* (décors de Pizzi: un nouveau commencement... et Horne en Adalgisa, naturellement); Josephine Veasey (Angleterre oblige), *Carmen*; et un *Barbiere* avec Berganza en Rosina. Dans le même temps, Teresa Stratas devenait Mimi, Gwyneth Jones revenait en Leonore et c'étaient les bouleversantes soirées de la *Frau ohne Schatten*. On a dit qu'au Palais Garnier l'ère Liebermann fut celle du festival permanent: et Londres, donc? Et Covent Garden, alors, en ces années de feu?

Elles durèrent, ces années... On ne se souvient pas de plus parfait équilibre (sauf à Salzbourg, peut-être, Schwarzkopf en tête...) que le *Così fan tutte* de Solti, l'année suivante. Le trio des dames — Lorengar puis Söderström, Veasey puis Minton (toujours la belle et solide Angleterre), Lucia Popp, enfin —, touchait au miracle. De même Lisa Della Casa, lorsqu'elle fut Maréchale, avec Troyanos en Octavian. De même encore — on n'aurait garde de l'oublier, fulgurante et tragique, elle fut l'une des plus belles — Marie Collier en Tosca. De même, toujours, Gwyneth Jones en Elisabeth et Shirley Verrett en Eboli sous la direction d'Abbado. De même, enfin, Anja Silja en Leonore et Klemperer, colossal d'espérance, au pupitre et producteur tout à la fois d'un très ancien et très fervent *Fidelio*. Avec, pour faire bonne mesure, la création du *Midsummer Marriage* de Tippett et la reprise du *Billy Budd* de Britten, dirigé par Solti: l'Angleterre musicienne d'aujourd'hui, servie par les meilleurs, était au premier plan.

C'est cette même Angleterre, seule peut-être aujourd'hui capable d'assumer une part entière dans la production d'opéras nouveaux qu'on a retrouvée avec émotion pendant la saison 1969-1970, grâce au sublimissime *Peter Grimes* de Britten, avec l'incomparable duo Jon Vickers-Heather Harper: l'un des sommets de la musique lyrique de l'après-guerre. Vickers y était aussi hallucinant,

*Jon Vickers dans* Peter Grimes *de Britten, en 1969-70.*

*Benjamin Britten et Peter Pears.*

halluciné, que le Peter Pears de la création: Paris l'a vu quelques années plus tard, et a compris. En face de ce retour triomphal, la création d'un *Hamlet* indifférent, de Humphrey Searle, fut de peu de poids... Quant à nous, Londoniens extasiés, nous retrouvions Boris Christoff dans le vieux *Boris Godounov* de Peter Brook, Marie Collier une dernière fois en Flora Tosca avec Bacquier et en Marie de *Wozzeck* face à Geraint Evans — et c'était le gigantesque face-à-face avec *Les Troyens*, repris et dirigés par Colin Davis, où Didon s'appelait tour à tour Veasey ou Janet Baker;

Les Troyens *de Berlioz, avec Josephine Veasey, en 1969.*

Cassandre, Silja; et Enée Jon Vickers. Puis Boulez dirigeait son *Pelléas*, on en a parlé; il reste, à sa manière ambiguë, parfaitement inégalé.

Est-ce seulement une idée? Un pressentiment? A partir de l'année suivante, nous avons senti comme un essoufflement. Une *Arabella* décevante (on se souvenait de Della Casa et de Fischer-Diskau) ne fait pas un hiver, c'en est peut-être un signe avant-coureur, la première feuille qui tombe. Le vieux *Ring* de Hans Hotter perdait de sa vigueur, on ne trouvait toujours pas de Siegfried et seulement la moitié d'une Brünnhilde. Il fallait Marie Collier pour nous rappeler nos grandes émotions passées. *The Knot Garden*, de Tippett, vint à point nommé pour nous montrer que l'arbre Covent Garden était encore florissant; mais ni les *Carmen* du moment, ni les *Aïda* n'étaient à la hauteur de nos souvenirs. Seule l'apparition de Beverly Sills, dans une *Lucia* usée jusqu'à la corde, éveilla vraiment notre attention: mais dans un environnement indifférent, Sills constituait un bien étrange objet d'importation...

La saison 1971-1972 marquait les points faibles de la nouvelle direction. Solti n'était plus là, et pour un ancien *Fliegende Holländer* ressuscité huit fois, pas moins de cinq (on a bien lu: cinq!) Senta, allant d'Anja Silja à l'informe Rita Hunter. Et si Nilsson fut à nouveau Elektra, Elena Suliotis ne fut que trop Abigaille, Peter Glossop que trop son Nabucco! Seuls vrais moments d'émotion de cette saison-là: un Vickers en Parsifal (Goodall, solennel, au pupitre); Vickers encore (en passant) et Gwyneth Jones dans *Otello* et la fulgurante découverte, pourtant, de cette nouvelle Comtesse des *Noces* qui s'appelait Kiri te Kanawa.

On glissera aussi plus vite sur les années qui vont suivre, sur les trois Tristan et les deux Isolde qu'il fallut trouver pour ne chanter que cinq fois *Tristan et Isolde* (1972-1973) pour retenir, en 1973-1974, une *Bohème* kitsch et encombrée mais admirablement chantée par Domingo et — déjà! — Katia Ricciarelli; la création de *Death in Venice* (*Mort à Venise*) (extraordinaire Peter Pears);

*Peter Pears dans* Mort à Venise *de Britten, en 1973.*

et de vieux souvenirs: Vickers en Florestan, Alfredo Kraus en duc de Mantoue: comme si les grands messieurs de ce temps prenaient leur revanche sur ces dames.

La saison 1974-1975 a pour nous été essentiellement marquée par les deux premiers moments d'un des plus grands *Ring* de la décennie: celui de Götz Friedrich. On a dit le plateau qui se soulève, et les entrailles de la terre... Donald McIntyre les domina de très haut, avec l'Alberich de Zoltán Kelemen. Mais il y eut aussi peu après Margaret Price en Comtesse, et Kiri te Kanawa cette fois en Marguerite (hélas, le reste...); l'incontournable *Falstaff* de Geraint Evans; des *Frau ohne Schatten* qui nous laissèrent un peu sur nos souvenirs — et de lourds *Trovatore*, un pesant *Tannhäuser* où Elijah Moshinsky tenta de nous convaincre des richesses des mises en scène légères et peu coûteuses: commençait le temps des vaches maigres.

On se souviendra peut-être surtout de la saison suivante pour ce *Ballo in maschera* où trois ténors, plus fantastiques l'un que l'autre, plus légendaires (Bergonzi, Pavarotti, Carreras) se succédèrent en Riccardo en l'espace de quelques jours. Une soirée de gala, queue de pie, col dur et président de la République française dans la salle, fut une ultime réminiscence des fastes d'antan. Mais les dames du répertoire italien demeuraient en deçà de la légende, elles: les Arroyo, les Cruz-Romo, les Napier, les Gomez... Et pourtant, quatre images, subitement, s'imposent: une très jeune fille sur laquelle on se prit à rêver, on rêva un peu, on déchanta après, qu'importe? Elle avait chanté le temps d'un ou deux étés: Sylvia Sass dans *I Lombardi* de Verdi. Deuxième image: la plus belle Maréchale de ce temps, une Gwyneth Jones mûrie, accomplie, dont Brigitte Fassbaender et Hans Sotin étaient les comparses glorieux. Puis l'apparition au débotté de la toute jeune, toute nouvelle Behrens dans un *Fidelio*. Enfin l'ineffable Gundula Janowitz en Donna Anna. De là à dire qu'en dépit d'un *Elisir d'Amore* trop chargé (Beni Montresor), d'un Henze laborieux (*We come to the River*), cette saison 1975-1976 fut un renouveau...

La saison suivante fut celle du triomphe de Kiri te Kanawa en *Arabella*, d'une grandiose *Aïda* (Muti, Caballé, Domingo...); de l'époustouflant *Macbeth* de Sherill Milnes et Grace Bumbry, et du couple Kraus-Freni dans *Faust*. Pour ajouter une touche finale aux *Ballo in maschera* de la saison précédente, Gedda chanta à son tour Riccardo. Et puis, il y eut Kiri te Kanawa en Fiordiligi et une grotesque et drôle *Fanciulla del West* avec Carol Neblett, Domingo et un Silvano Carroli noir à souhait. On s'amusait... Vickers restait Otello: en ces années où un nouveau chant anglais s'affirmait dans le monde entier, Covent Garden savait toujours s'ouvrir au monde.

Le calamiteux Mohinsky frappa encore en 1977-1978 avec un *Lohengrin* que Kollo (encore en voix), McIntyre, Eva Randova et même Anna Tomowa-Sintow portèrent pourtant à un miraculeux niveau vocal. On s'amusa en revanche franchement lorsqu'un extraordinaire ensemble (te Kanawa, toujours elle, mais aussi Judith Blegen, Hermann Prey) mené par Zubin Mehta, se lança dans une *Fledermaus* endiablée — bien qu'un peu trop kitsch et surchargée dans les décors tarabiscotés de Julia Trevelyan Oman, qui, pour être une figure du Tout-Londres, n'est pas forcément décorateur d'opéra. La légende veut que Mehta, qui en faisait déjà trop, n'arriva pas, certain soir (avion raté? autre chose...) et que Placido Domingo, simple spectateur, se fût laissé convaincre de le remplacer au débotté: notre ténor à tout faire était déjà prêt à descendre dans la fosse lorsque Mehta, à bout de souffle et le nœud blanc à l'envers, sauta d'un taxi... Interrogé à ce sujet, Zubin Mehta n'a pas tout à fait nié

*Katia Ricciarelli et Luciano Pavarotti dans* Luisa Miller *de Verdi, en 1978.*

les faits... Cette même saison, Caballé et Bumbry chantèrent *Norma*: Pollione n'était que Charles Craig; mais Ricciarelli, Pavarotti, Wixell et Elizabeth Connell firent redécouvrir *Luisa Miller*. Et puis, Thomas Allen fut un admirable Pelléas...

La saison qui suivit s'ouvrit sur le *Ring* complet de Friedrich, dirigé par Colin Davis, dont les voix apportaient l'écho de Bayreuth: Jones, McIntyre, Hoffmann, Kelemen. On ne remarqua guère le Siegfried absent... Une colossale *Africaine* vit la résurrection londonienne de Meyerbeer, les billets s'arrachèrent à prix d'or pour y entendre Bumbry et Domingo; c'était tout de même un peu gros, souligné, sans vraie poésie. Les grands moments vinrent d'ailleurs: Gedda en Lensky d'*Onéguine*, Behrens en *Salomé*. Mais une production balaie tout sur son passage, ce fut le *Parsifal* de Solti et Terry Hands, avec Peter Hoffman, Kurt Moll et Yvonne Minton. Et puis, une fois encore, on entendit Boris Christoff en Philippe II; Sylvia Sass et Gwyneth Jones chantaient en alternance Elisabeth, Bruson était Posa, Elizabeth Connell Eboli: tant pis pour Carlo lui-même. Tant pis aussi si l'on coupa peu ou prou pour raisons syndicales, ici ou là: Christoff et Bruson chantèrent un duo qui est entré dans notre légende.

Notre carnet s'arrête presque là. Ensuite, nous qui avions vécu à Londres, nous ne ferons qu'y revenir. Pour une Söderström en Maréchale encore en 1979, une Kiri te Kanawa en Violetta au début de 1980; la même année, l'*Andrea Chénier* de Domingo, Sass — et Muti! ou la *Lucrezia Borgia* agitée de Sutherland et sauvée par Alfredo Kraus. Mais si le temps des longues fins de soirées, des beaux après-l'opéra chez *Rules* ou au *Neal Street Restaurant* n'est plus, les programmes des saisons qui viennent de s'écouler, comme ceux des saisons à venir laissent encore une belle part au rêve.

Pour la seule saison 1987-1988, par exemple: pas moins de quatre nouvelles productions « maison », auxquelles s'ajoutent trois productions importées de Vienne, de Los Angeles et de Stuttgart, et seize reprises, soit un total de vingt-trois spectacles différents.

*Alfredo Kraus dans* Lucrezia Borgia *de Donizetti, en 1980.*

Vingt et un sont prévus pour la saison 1988-1989. Au premier chef, un *Or du Rhin*, début d'un *Ring* mis en scène par Liubimov (qui ne sera pas achevé), mais aussi la création à Londres du *Re in ascolto*, de Berio, qu'on a vu à Salzbourg; une seconde mouture de la *Fledermaus* de Mme Trevelyan Oman mais chantée en anglais (un retour à quelles démagogies?); et puis une nouvelle *Butterfly*, un nouveau *Rigoletto* (Frigerio partout et sur tous les fronts, mais aussi l'espagnole Nuria Espert...), une *Manon*, un *Così*. Et un *Albert Herring* de Britten, un *Trovatore* conçu par Faggioni, qui porteront à neuf le nombre des nouvelles productions: qui dit que l'opéra se porte mal à Londres? Cependant, la Maréchale de la saison sera Felicity Lott, l'Elisabeth Katia Ricciarelli, la Comtesse Carol Vaness, l'Eboli Agnes Baltsa et le Philippe II Samuel Ramey. Signe des temps, pourtant: les chanteurs britanniques ou formés à l'école anglaise sont aujourd'hui partout désormais sur les scènes mondiales, mais de plus en plus rares à Covent Garden, qui s'internationalise en diable, à un niveau honorable. On annonce la présence de Gwyneth Jones, oui; on surprend Yvonne Kenny en Semele, en Liù; Donald McIntyre chantera naturellement l'opéra de Berio, Thomas Allen sera là, lui aussi, mais les générations montantes, américaines, allemandes, italiennes (si peu françaises: Gino Quilico en Posa) balaient tout sur leur passage.

Ces notes s'arrêtent là, oui: la légende de Covent Garden est finie, nous sommes entrés dans l'ère des productions interchangeables, des chanteurs-relais et des metteurs en scène à tout faire. Mais n'est-ce pas le propre de l'opéra un peu partout dans le monde? Se plaindra-t-on qu'il y ait partout trop d'ambition, trop d'amateurs pas assez éclairés, trop de disques, trop de festivals — et trop peu de vrais chanteurs, de vrais chefs d'opéra, de vrais metteurs en scène pour faire face à cette fantastique demande? Sous la triple direction de Jeremy Isaacs, de Bernard Haitink et de Jeffrey Tate, Covent Garden tient le coup, au milieu de cette débauche de talents. Le sang nouveau qui l'a irrigué dans les années soixante a gagné l'Europe entière, et c'est tant mieux. Que l'Europe du tout-venant lyrique déferle un peu sur la belle et noble maison de Bow Street n'est, après tout, que dans l'ordre des choses. Avec 128 chanteurs solistes annoncés pour la saison 1988-1989, 18 chefs d'orchestre différents pour 137 représentations prévues, l'effort est remarquable puisque chaque opéra ne sera donné en moyenne que six ou sept fois. Et puis, les *Proms* se poursuivent, les concerts offerts aux *Friends* par leurs amis de l'autre côté du rideau aussi, comme les conférences dans le *Crush Bar* et l'odeur du café bouilli à l'entracte.

Du haut de leurs balcons successifs, les nymphettes de stuc devenues femmes à mesure qu'elles descendent vers l'orchestre n'ont pas perdu leur sourire...

*Deuxième partie*

# LES INOUBLIABLES

# *Giulia Grisi et Mario*

*Giulia Grisi (Lucrezia) et son mari Mario (Gennaro), dans* Lucrezia Borgia *de Donizetti, en 1847.*

La Grisi et Mario forment à juste titre l'un de ces couples mythiques qui jalonnent l'histoire de l'opéra. Ils ont été à l'origine de la fortune de Covent Garden, on ne peut que commencer par eux cette galerie de quelques portraits de l'illustre maison.

Giulia Grisi est née à Milan en 1811 ; c'est la sœur de la mezzo Giuseppina et de l'autre « Grisi », Carlotta, la *ballerina assoluta*... On pratiquait beaucoup la musique en famille, en ces temps bénis. Elève de la Pasta, elle fait ses débuts à Bologne en 1829 dans *Zelmira* de Rossini, puis à la Scala en 1831 où elle chante bientôt Adalgise de *Norma* aux côtés de Giuditta Pasta.

Ses débuts londoniens remontent à 1834 où elle chante tour à tour Rossini, Donizetti, Mozart, Cimarosa: ce n'est pas encore à Covent Garden, mais sur la scène du théâtre de Haymarket. Et c'est là qu'en 1835, chantant Lucrèce Borgia, elle tombe éperdument amoureuse de son Gennaro, le ténor encore peu connu Mario, de son vrai nom Giovanni Matteo De Candia.

De Candia — ou Mario, donc — est né en Sardaigne en 1810. C'est un aristocrate qui descend, en ligne directe, des Borgia! De là à chanter dans *Lucrezia...* Coup de foudre, enlèvement, mariage: la carrière des deux chanteurs va dès lors se poursuivre avec une belle harmonie. Très vite, Mario deviendra l'égal de sa bien-aimée, il sera, après Rubini, le type même du ténor romantique et tous deux suivront, en 1847, le théâtre italien de Haymarket sur la scène du nouveau Covent Garden. Le reste appartient à la légende: *Anna Bolena*, *I Puritani*, la *Sonnambula*, *La Donna del Lago*. Mario fume le cigare, Giulia Grisi défraie la chronique: ils ne se quittent guère, multiplient les tournées, les concerts. De Donizetti, Mario passe aux rôles plus lourds, à Verdi, à Manrico du *Trovatore*, par exemple, mais il y a toujours des *Semiramide* et des *Norma*.

Et puis, commencent les années soixante: c'est le début de la fin. Giulia Grisi s'épuise à trop en faire; Mario n'a plus les mêmes succès; Giulia court l'Europe derrière Mario, qui chante encore ; une mauvaise pneumonie en Allemagne tandis qu'il se produit en Russie, et c'est fini pour elle. Mario se console comme il peut en chantant avec Adelina Patti. Il meurt à son tour en 1883. Giulia Grisi était morte quatorze ans plus tôt.

# *Adelina Patti*

*Adelina Patti.*

Adelina Patti est née à Madrid en 1843. Fille de deux chanteurs italiens, Salvatore Patti et Caterina Barelli, c'est pourtant aux États-Unis qu'elle commença sa carrière, en 1859. Mais c'est à Londres qu'elle en fit la plus grande partie, succédant à Maria Grisi: on la découvrit d'abord à Covent Garden dans l'Amina de la *Sonnambula*; elle sera peu après Zerlina dans le dernier *Don Giovanni* chanté par Grisi; dès lors, et pendant vingt-cinq saisons consécutives, elle dominera la grande scène londonienne et écrasera sous son talent — mais aussi par ses caprices — tous les administrateurs qui se succéderont dans la maison, comme les autres chanteuses qu'elle écartera ou obligera à se retirer.

De Rosina à la Leonora du *Trovatore*, elle chantait à peu près tous les rôles avec un égal bonheur. Le miracle, c'est que sa voix dura jusqu'à 1914. La soprano américaine Clara Louise Kellog a expliqué, dans ses Mémoires, que c'est à un régime draconien qu'elle devait sa santé vocale: « Tant à manger chaque jour, tant de promenade, tant de sommeil, etc. Et, par-dessus tout, elle ne se permettait aucune émotion. » Les émotions, c'est probablement aux autres que la Patti les donnait! Lorsqu'on lui demanda, à la fin de sa carrière, ce qu'elle pensait des directeurs de scène ou des metteurs en scène, elle eut un sourire désarmant. « A quoi ça sert? Moi, je sais toujours où me mettre en scène: là où il y a le moins de courants d'air. » Elle mourut couverte d'honneurs et galloise d'adoption, au château de Craig-y-Nos, le 27 septembre 1919.

# *Emma Albani*

Emma Albani est née à Chambly, près de Montréal, en 1847. Grande musicienne, elle doit son talent à son professeur Lamperti et à son père, Joseph Lajeunesse. Après une enfance et une adolescence baignées de musique, elle part, comme il se doit, pour l'Europe ; après six mois d'études avec le grand ténor français Duprez, elle va à Milan travailler avec Lamperti. Elle fait ses débuts à Messine en 1870 dans *La Sonnambula* et adopte son nom de théâtre : Albani. Elle reste d'abord confinée dans des rôles de soprano léger comme Amina, Elvira (*I Puritani*), Lucia, Linda di Chamounix, Rosina, Isabelle (*Robert le Diable*) ou Inez de *L'Africaine*. Après Florence et Malte, elle arrive à Londres en 1871 et fait ses débuts au Covent Garden en 1872 dans *La Sonnambula*. Elle y obtient un bon accueil. Quand elle épouse, en 1878, Ernest Gye, le fils de son directeur — ce qui facilite tout de même les choses —, elle est devenue une des *prime donne assolute* de Covent Garden. Adelina Patti y règne encore mais Emma Albani est assez intelligente et diplomate pour éviter tout heurt. Peu à peu, elle abandonne les rôles légers pour en aborder de plus grands et de plus lourds comme Elsa, Elisabeth et Senta, Violetta, Marguerite, la Comtesse des *Noces* et Desdemona : en somme, la Patti et elle se partagent un territoire. C'est elle qui fait la création en Angleterre de *Lohengrin* (1875), *Tannhäuser* (1876), et *Der fliegende Holländer* avec Victor Maurel dans le Hollandais.

A la mort de Theresa Tietjens, Emma Albani prend sa place comme première soprano d'oratorio en Angleterre. C'est un changement de cap important. Elle participe dès 1872 au Norwich Festival ; en 1877, elle remporte un grand succès au Haendel Festival et la même année, au Gloucester Festival. Le style d'Albani en oratorio était particulièrement pur et exempt de tous les maniérismes qui le gâchèrent plus tard.

Les compositeurs d'œuvres nouvelles la réclamaient en priorité, car ils savaient qu'ils pouvaient compter sur elle. Gounod l'obtint pour sa *Rédemption* et écrivit pour elle *Mors et Vita* créé au festival de Leeds ; Dvorak la voulait pour son *Stabat Mater* et *La Fiancée du spectre*; Sullivan pour son *Martyr of Antioch* et *Golden Legend* à Leeds ou encore Cowen pour *Sainte Ursula* à Norwich.

Comme Patti, elle avait le don des langues: venue à Berlin en 1877, elle étonna le public en chantant en allemand *Lohengrin* et *Der fliegende Holländer*. Elle possédait un rare sens dramatique. A cet égard, Emma Albani dépassait de loin la Patti — et plus tard Melba. Elle était *persona gratissima* à la Cour de Londres et une favorite de la reine Victoria qui se répandait en propos flatteurs, trop flatteurs parfois, sur sa chère amie...

Emma Albani ne répugna pas à l'exotisme: en 1898, elle fit une première tournée en Inde, en Afrique du Sud et en Australie qui remporta un immense succès. Elle en fait une seconde neuf ans plus tard où l'accueil est tout aussi chaleureux. En 1903, elle apparaît une dernière fois au Canada et fait ses adieux à Londres à l'Albert Hall en 1911. Elle se consacre alors à l'enseignement. En 1925, le roi George lui confère le titre de *Dame of the British Empire*.

Elle meurt à Londres âgée de presque quatre-vingts ans, le 3 avril 1930.

# *Jean de Reszké*

*Jean de Reszké en Roméo (Gounod).*

Jean de Reszké est la dernière incarnation du ténor romantique dans toute sa splendeur. Dans le même temps, et après Rubini et Mario, il illustre la transition vers le grand opéra.

Né en 1850, à Varsovie comme son frère Edouard, baryton-basse aussi célèbre que lui et qui l'accompagna tout au long de sa carrière, il a fait ses débuts en 1874 à la

Fenice, avec un nom italien, comme il se doit: il n'était encore que Giovanni De Reschi et se croyait lui aussi baryton. D'où une première (avant) carrière de baryton, inaugurée par un Alfonso de *La Favorita*, puis des Valentin de *Faust*, des *Don Giovanni* et des débuts à Paris en 1876 en Fra Melitone dans *La Forza del Destino*. Ce n'est qu'en 1876 que Jean de Reszké se rend compte qu'il est, au fond, ténor... Il se donne deux ans de congé et chante enfin *Robert le Diable* à Madrid en 1879; ce n'est pas un succès; quatre années encore, de retraite et de travail, et c'est, à Paris, en 1883, le formidable succès d'une *Hérodiade*: le ténor Jean de Reszké existe, le public l'a reconnu.

Créateur, avec son frère, du *Cid* en 1885, Jean de Reszké fera désormais ce qu'il est convenu d'appeler une « carrière internationale », où Covent Garden tiendra une place de choix. Aux côtés de Nellie Melba, dont la légende veut que ce fût lui qui ait transformé une simple chanteuse en diva — sinon en actrice —, il s'y produira dans tous les grands rôles du répertoire français, certes, mais aussi italien et surtout allemand. S'il est aussi Otello face à Albani-Desdemona, il est surtout Roméo face à Nellie Melba; celle-ci interprétera avec lui une multitude d'œuvres moins intéressantes mais dont la capricieuse chanteuse se disait qu'elles convenaient à sa voix. Si on devait pourtant ne retenir que trois ou quatre grands rôles de Reszké, ce serait son Lohengrin, son Walther, son Tannhäuser; mais dans Siegfried ou Tristan, il parvint aussi à égaler les plus grands spécialistes allemands. Son endurance était époustouflante. Au cours d'une seule saison à New York, il chanta en trois mois: Tristan,

Radames, Lohengrin (en italien), Raoul, Des Grieux, Don José et Walther. Qui a fait mieux? C'est en 1900 qu'il chanta pour la dernière fois à Covent Garden. Généreux, il forma plusieurs générations de chanteurs dont Maggie Teyte. Il est mort en 1925.

# *Nellie Melba*

*Nellie Melba dans* La Traviata *de Verdi.*

Outre sa contribution à l'art distingué de la gastronomie (on inventa pour elle une poire, une sauce et même un toast), Nellie Melba, de son vrai nom Nellie Armstrong, a aussi été une grande chanteuse et la vedette absolue de Covent Garden après le règne d'Adelina Patti.

Née en 1861 à Melbourne, la Melba, née Nellie Mitchell de son nom de jeune fille,

Nellie Armstrong de son nom de femme mariée, chante pour la première fois en Angleterre au Prince Hall en 1886. La célèbre Mathilde Marchesi la prend alors en charge et Nellie étudie avec elle à Paris. Elle remporte son premier triomphe à la Monnaie de Bruxelles où elle fait ses débuts en 1887 dans le rôle de Gilda et la presse unanime la déclare « star de première classe ». C'est alors qu'elle prend le nom de Melba. Ses débuts à Londres au Covent Garden ne rencontrent pas le même succès lorsqu'elle y chante *Lucia di Lammermoor* en 1888. On lui trouve une voix exceptionnellement belle mais elle laisse froid. Pourtant, elle se fait beaucoup d'amis parmi la « Society » londonienne et les responsables du Royal Italian Opera. Ce sera la première marche de sa carrière. Sa rencontre avec Jean de Reszké est la seconde, qui la fait passer de simple vocaliste à artiste dramatique. Il lui apprend comment se mouvoir sur scène avec grâce et dignité. Avec lui, Nellie Melba paraît enfin au mieux de son talent. Ils chantent ensemble au Covent Garden *Esmeralda* de Thomas en 1890 et le nouvel opéra de Bemberg, *Elaine*, en 1892. De sa redoutable stature, elle écrase bien des partenaires et empêche que l'on monte dans la grande maison des œuvres plus novatrices ; en fait, elle est à la tête du parti conservateur, soutenue par la bonne société, contre une conception plus moderne de l'art lyrique. Ce qui ne l'empêche pas d'être une grande actrice. Elle chante dans *Hamlet*, *Otello* mais bien vite, elle cherche des rôles plus lourds et c'est l'Opéra de Paris qui, pour la première fois, lui en fournit l'occasion ; en 1890-1891, elle est Elsa et Ernest van Dyck Lohengrin. Quelques mois plus tard, elle reprend le rôle au Covent

Garden, en même temps que la Brünnhilde de *Siegfried* à New York. Mais elle doit ses plus grands triomphes au répertoire italien; elle est la Nedda de *Pagliacci*, créé au Covent Garden en 1893, et elle triomphe dans Mimi six ans plus tard. Entre-temps, elle a élargi son répertoire et la Royal Opera House peut l'applaudir dans Violetta, Micaela, Rosina du *Barbiere*, la reine des *Huguenots* et, en 1904, elle crée l'héroïne d'un court opéra, *Hélène*, écrit pour elle par Saint-Saëns.

En 1891, elle fait une tournée en Russie avec Jean de Reszké; en 1892, elle chante à la Scala de Milan; en 1893, elle part pour l'Amérique pour revenir en Australie où elle se fait applaudir à Sydney et à Melbourne. En 1903, elle retourne en Amérique et en 1905, elle chante au Metropolitan Opera *La Bohème, Rigoletto, Lucia di Lammermoor* et *La Traviata*. Elle est alors à l'apogée de sa carrière. Elle n'abandonne la scène qu'en 1926 et fait ses adieux au public au Covent Garden en chantant des scènes de *La Bohème* et d'*Otello*. Sa renommée en Angleterre fut immense, on l'anoblit, évidemment, et elle devint Dame Nellie Melba. Elle mourut dans son Australie natale en 1931. Le disque nous a laissé de précieux souvenirs d'une voix déjà fatiguée à laquelle il ne rend pas vraiment justice.

# *Mary Garden*

Mary Garden est un peu la grande sœur de Maggie Teyte : comme elle britannique, de dix ans son aînée, leurs deux carrières se sont inscrites sous le signe de Debussy. C'est le charme diaphane de ces jeunes femmes venues des rives de la Manche qui les transformait peut-être en Mélisande...

Mary Garden est écossaise, née à Aberdeen en 1877. Très vite, ses parents s'installent aux États-Unis, la Nouvelle-Angleterre d'abord, puis Chicago où la jeune fille prend des leçons de musique. Elle a seize ans, dix-huit ans et, pour s'amuser, chante n'importe quoi, Gilbert et Sullivan, comme font les jeunes filles qui se croient un filet de voix. Un vieux monsieur facilitera les choses et Mary Garden pourra partir pour Paris où elle étudiera avec Mathilde Marchesi et Lucien Fugère; puis, sous la haute protection de la trop méconnue aujourd'hui Sybil Sanderson, elle entre à l'Opéra-Comique: elle est si blonde, si limpide, si jeune et si enfantine qu'elle ne peut que plaire au vieil Albert Carré. D'où une petite Micaela sans importance, puis un fulgurant triomphe dans *Louise* où elle remplace au dernier moment une camarade défaillante. C'est le délire, la gloire en trois heures d'horloge. Nous sommes en 1900, Mary Garden a vingt-trois ans, un accent anglais à bouleverser tous ces messieurs des loges — et sa carrière commence. Violetta, Manon, de Messager elle arrive à Debussy, nouveau coup de foudre et Mélisande vient au monde. On sait le combat singulier qui opposa Debussy à Maeterlinck; Georgette Leblanc, sa femme, devait chanter le rôle: elle était pourtant battue d'avance; Mary Garden n'avait que vingt-cinq ans et son accent anglais était plus charmant que jamais.

Le reste ne sera qu'un jeu d'enfant. Elle chantera tous les rôles de petites filles perverses, princesses ou danseuses, que les Saint-Saëns et autres Xavier Leroux vont écrire pour elle, elle sera le Chérubin de Massenet, elle sera Thaïs, elle sera même Salomé. Selon le mot d'un critique de l'époque, c'est le rossignol devenu panthère (pourquoi pas?), puis elle reviendra à Massenet dont elle fera les beaux jours et les plus sublimes soirées.

Elle tentera d'autres aventures, le cinéma où elle sera Thaïs (muette, bien entendu) en 1917, une *Splendid Sinner* (un peu plus tard) ; elle prendra même la tête de l'Opéra de Chicago, sans grand succès, c'est le moins qu'on puisse dire. C'est en 1931, dans *Carmen*, qu'elle a fait ses adieux au public ; c'était aux États-Unis, à Cincinnati. Elle est morte dans son Écosse natale en 1967.

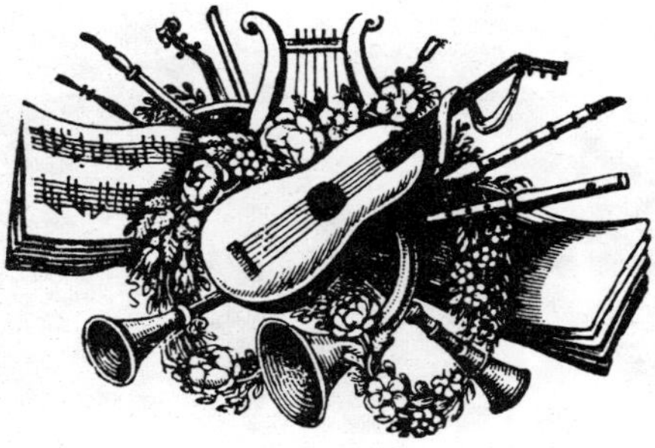

# *Maggie Teyte*

*Maggie Teyte dans* Pelléas et Mélisande *de Debussy, en 1923.*

Dame Maggie Teyte, née en 1888, morte en 1976 à quatre-vingt-huit ans, a été la plus célèbre chanteuse anglaise de sa génération, de renommée internationale dès l'époque edwardienne, remarquable aussi bien comme soprano dramatique que sur le plan plus léger de la comédie musicale. Elle fut aussi une incomparable interprète de la mélodie française.

Née à Wolverhampton, de son vrai nom Margaret Tate, elle montra un tel talent qu'elle fut admise au Royal College of Music de Londres, où elle entra à l'âge de douze ans, triomphant des doutes de Sir Hubert Parry, son directeur. Elle ne s'y trouvait que depuis deux ans lorsque Walter Rubens, un riche agent de change, l'entendit chanter une ballade de Tosti, « *Goodbye* », à une fête paroissiale. Ce fut le début d'une incroyable carrière.

L'histoire de ses premiers débuts, petite fille à nattes, ingénue, volontaire, fait partie de sa légende: son air mutin conquérait les messieurs, sa voix faisait le reste. A l'aide d'une bourse de 1 000 livres généreusement offerte par son protecteur, elle va étudier à Paris avec Jean de Reszké. Comme Adelina Patti, ce fut le grand ténor qui lui permit de devenir ce qu'elle fut. Il change son nom en Teyte et quand la bourse touche à sa fin, il continue de lui donner gratuitement des cours. Deux ans après, Maggie Teyte fait ses débuts professionnels à Paris, dans le rôle de Zerlina en version de concert. C'est en 1905. Elle a dix-sept ans. Entre-temps, elle avait appris tous les rôles de soprano colorature du répertoire et surtout fait la rencontre de Reynaldo Hahn qui lui donna des leçons particulières et l'introduisit auprès de Debussy. De là le commencement d'une longue amitié.

Elle fait ses débuts à Londres en 1909 à un concert au Queen's Hall et rejoint la Beecham Opera Company pour la saison 1910. En 1911, elle fait ses débuts américains à Philadelphie, donne un récital à Carnegie Hall et fait une apparition au Metropolitan Opera. Elle est déjà alors une *prima donna*, réputée pour son interprétation de Marguerite dans *Faust*, et de Mimi dans *La Bohème*. Dans le monde changeant d'après-guerre, elle n'a pas encore trente ans et on la découvre aussi comme vedette de comédie musicale. Curieux mélange d'harmonies debusséennes et de chorus girl... Elle apparaît aussi dans *A Little Dutch Girl* en 1921. Après son mariage, la même année, avec un certain M. W.S. Cottingham (dont elle divorcera en 1931), elle vit à demi retirée de la scène, créant pourtant encore le rôle de la princesse dans *Perfect Fool* de Gustav Holst en 1923. Mais ne chantant plus beaucoup en public, elle développe sa maîtrise du chant français et retourne sur scène en 1930, montrant que sa voix n'a rien perdu de son exquise pureté.

A l'occasion de quelques mémorables récitals au Wigmore Hall pendant la guerre, où elle illustra la plus fine fleur de la culture française, elle a été décorée de la Croix de Lorraine par le général de Gaulle. En octobre 1945, elle devient la première artiste européenne à visiter les États-Unis après la guerre. Elle avait cinquante-sept ans et n'avait pas chanté en Amérique depuis vingt-cinq ans.

Bien qu'excellente interprète de la mélodie française, son accent anglais était apparemment pour Debussy un des charmes de sa Mélisande. Son idéal vocal était Melba, elle aimait passionnément les voix impersonnelles et très artificielles des chœurs de jeunes garçons anglais.

# *John MacCormack*

John MacCormack était un roc, un géant. Un bagarreur aux caprices de diva, c'était aussi l'un des immenses chanteurs de son temps. Irlandais comme il se doit, né à Dublin en 1884, on l'a d'abord remarqué au Feis Ceoil (Festival national irlandais) en 1903: il a dix-neuf ans, une voix à ébranler des montagnes. Il commence par être un chanteur d'hymnes, de ballades, et la musique populaire (surtout irlandaise) tiendra d'ailleurs toujours une place de choix dans son répertoire. Mais lors d'un séjour à Londres, en 1904, sa découverte de Caruso le bouleverse : il sera *aussi* Caruso ! Et ses débuts en 1907 à Covent Garden dans *Cavalleria* se placent sous ce signe et dans cette tradition. Il est un Turiddu superbe, à la voix d'or, qui fait s'écrouler la salle entière sous les applaudissements. Dans le même temps, des rôles plus légers, le duc de Mantoue, voire l'Ottavio de *Don Giovanni*, montrent qu'il peut simplement tout faire.

Sa carrière sera dès lors une prodigieuse succession de triomphes, alternant le meilleur et le moins bon, des *Traviata* sublimes et des récitals de ballades qui déversent sur lui des tonnes de dollars. Il est une vedette populaire par excellence. Et cependant, son chant mozartien s'affirme : il devient rossinien, bellinien, il touche à tout, quelque part entre le bel canto le plus traditionnel et le mal canto du vérisme naissant. Ce n'est ni un acteur, ni un interprète subtil, c'est une voix immense dans un corps trop lourd. Mais il plaît à la folie : faute d'être anobli par la Cour d'Angleterre (son nationalisme irlandais est farouche), il sera fait comte des États du Pape. Il meurt à Dublin en 1945.

# *Eva Turner*

*Eva Turner dans* Turandot *de Puccini.*

Eva Turner est née à Oldham en 1892. C'est à Bristol, où son père est ingénieur dans une usine de coton, qu'elle découvre l'opéra, à travers *Il Trovatore* et la Carl Rosa Opera Company; ayant décidé de chanter, elle prend des leçons, puis s'inscrit à l'Académie royale de Londres. Elle est ensuite choriste avec la Carl Rosa, chante quelques petits rôles à partir de 1916, puis les Kate Pinkerton, les Micaela, sans grand succès.

L'administrateur de la compagnie, l'ancienne basse Richard Broad, la prend sous sa protection, lui donne des leçons et va alors piloter sa carrière. C'est vers 1919 que sa voix se révèle dans toute son ampleur. Elle peut dès lors chanter tout à la fois le répertoire allemand (Donna Anna, Leonore, Elsa, Eva et les autres) et italien (Leonora du *Trovatore*, Amelia, Aïda...). C'est en 1920 qu'elle fait ses débuts à Covent Garden dans Santuzza.

Sa carrière se joue en 1924, sur une audition à Milan, où, devant Toscanini et Vittorio Gui, elle chante « Ritorna vincitor ». Du coup, elle est engagée pour une Freia en italien, sous la direction de Panizza à la Scala. Le succès est dès lors foudroyant, et les scènes internationales s'ouvrent toutes à elle. Elle est Sieglinde, mais aussi Brünnhilde sous la direction de Fritz Busch, la Wally et surtout Turandot, dont son interprétation est entrée dans la légende.

Colossale princesse à la voix d'ange, Eva Turner a chanté sa première Turandot à Brescia en 1926 et, à Covent Garden, en 1928. Elle chantera son rôle fétiche jusqu'en 1948. Devenue une gloire nationale, le public anglais attendait encore beaucoup d'elle : les Américains la lui ravirent. Invitée pour une saison à l'université d'Oklahoma, elle y resta dix ans, enseignant à des gamines, dont nul n'a entendu parler, ce qu'était son chant. Mais de cette Turandot fabuleuse, il reste un enregistrement légendaire réalisé à Covent Garden en 1937 sous la direction de John Barbirolli, avec Giovanni Martinelli et Licia Albanese.

Eva Turner, fixée en Italie mais idole du public britannique — elle vit à Lugano, chante dans le monde entier — est le dernier des monstres sacrés que la Grande-Bretagne ait produits avant la belle relève des années soixante. Comme il se doit, on fit d'elle une *Dame* et, à l'occasion de ses quatre-vingt-dix ans, Covent Garden organisa pour elle un gala typiquement britannique où, de Geraint Evans à John Tomlinson en passant par Josephine Veasey et Valerie Masterson, le chant anglais vint, avec un bel ensemble, rendre hommage à sa dernière idole.

# *Thomas Beecham*

Thomas Beecham est né à Saint Helens, le 29 avril 1879. Il est mort à Londres le 8 mars 1961. Fils d'un industriel célèbre qui n'inventa rien moins qu'une aspirine en poudre à laquelle il donna son nom, riche lui-même, capricieux et rigoureux tout à la fois, sa barbiche faisait des miracles ; sa fortune aussi, puisqu'il pouvait tout s'offrir, des Ballets Russes, qu'il introduisit à Covent Garden en

1911, à Covent Garden même, qu'il s'acheta purement et simplement au lendemain de la Première Guerre mondiale. Il avait, en outre, du talent, beaucoup de talent, et ceci faisait pardonner tout cela.

Dès 1910, grâce à l'appui financier de son père, il donna à Londres la première représentation anglaise d'*Elektra*, puis de *Salomé*: en fait, et jusqu'en 1914, ce fut lui qui fit connaître à Londres toute l'œuvre de Richard Strauss. Pendant la guerre, il fonda une compagnie d'opéra, à laquelle il donna son nom. C'était le moins qu'il pût faire... Après une première fausse entrée à Covent Garden au lendemain de l'armistice, c'est seulement en 1932, après Bruno Walter, qu'il s'y installa de manière plus permanente, à la fois directeur artistique, financier et musical. Il y donna surtout le grand répertoire allemand, en grande partie grâce à l'amitié qui le liait à Furtwängler et à l'Orchestre philharmonique de Berlin. Quelques immenses succès de ces soirées mémorables nous ont été transmis par le disque. C'est lui qui dirigea les fameux *Contes d'Hoffmann* qu'on a pu voir au cinéma — et à ce jour l'un des plus curieux exemples d'opéra filmé jamais portés sur les écrans.

Britannique comme il n'était pas permis de l'être, l'apport de Sir Thomas Beecham à l'histoire de l'opéra est volontairement négligé aujourd'hui en France: nous préférons les stars d'un moment aux constructeurs d'une œuvre; à sa manière, Thomas Beecham a édifié l'opéra anglais de la première moitié de ce siècle. Tournés plus volontiers vers Vienne, Milan ou New York, nous ne nous en sommes pas encore vraiment rendu compte.

# *Bruno Walter*

Bruno Walter est né en 1876, il est mort en 1962. Ce fut, c'est encore, l'un des plus grands ; et si son rôle à Covent Garden a été considérable — une étape fulgurante de la vie du théâtre —, Covent Garden n'a été, pour lui, qu'un moment d'une vie si riche, si pleine, si rayonnante qu'on a scrupule à ne parler de lui qu'en quelques lignes. Thomas Mann, dans son Journal, lui en a consacré à peine plus, mais ce qu'il dit de leur amitié, des sombres années trente à Berlin, est tout simplement bouleversant.

Dès 1894, il a dirigé à Hambourg, en 1896 à Wroclaw, plus tard à Bratislava, à Riga, à Berlin, à Vienne enfin, de 1901 à 1912, où il fut d'abord assistant de Mahler. Et puis tout le reste est légende.

Légende, le festival de Salzbourg, d'où nous sont restés des enregistrements sublimes ; légendissime, le premier acte de cette *Walküre* inachevée qui réunit, dans les années déjà noires, Lotte Lehmann, Lauritz Melchior, Emmanuel List : je l'ai dit tant de fois que je ne peux que le répéter : nous y avons tous appris à entendre ! Mais légende aussi que ses *Fidelio* avec la jeune Flagstad, vrais hymnes à la liberté quand l'orage était là. Légende, son amitié pour la jeune Kathleen Ferrier ; légende, toute sa vie, légende, toute sa carrière.

Directeur musical à Covent Garden de 1925 à 1931, il y a aussi fabriqué, tissé, noué la légende. On citera ses *Rosenkavalier* avec Lehmann, Delia Reinhardt, Elisabeth Schumann, Richard Mayr ; ses *Tristan* avec Frida Leider, Melchior, Janssen ; ses *Meistersinger* avec Lehmann, encore, et Friedrich Schorr.

Il fallut les mille et une intrigues qui font la vie d'opéra pour que Walter quitte Covent Garden. Mais Berlin, Vienne, Salzbourg, l'Amérique l'attendaient. Depuis, nous n'avons cessé de l'écouter...

# *David Webster*

David Webster, devenu Sir David, est né à Liverpool en 1903. On voit en lui le recréateur de Covent Garden, au lendemain de la guerre. C'était d'abord un financier, ensuite un amateur de musique, enfin un excellent administrateur.

Dès 1945, c'est vers lui que se tournent les quelques musiciens, banquiers, hommes d'affaires, qui veulent faire revivre Covent Garden. John Maynard Keynes — Lord Keynes —, qui fondera l'*Arts Council*, suggère à l'éditeur de musique Leslie Boosey et à l'historien de l'art Kenneth Clark d'aller le chercher à Liverpool où, conseiller du *Ministry of Supply*, il s'occupe activement de la Liverpool Philharmonic Society. On lui reconnaît déjà un réel talent d'administrateur d'orchestre et d'amateur d'opéra, avec une prédilection pour les compositeurs britanniques, de préférence rigoureusement inconnus à l'extérieur du Royaume-Uni. Le gouvernement travailliste (c'est-à-dire ultra-conservateur) de l'époque ne pouvait qu'être séduit par ce nationalisme. Aux côtés de Karl Rankl, directeur musical, associé à Constant Lambert et à Frederick Ashton pour le ballet, c'est lui qui va redonner vie au grand théâtre de Bow Street. Bien sûr, il y aura les errances de l'opéra-tout-en-anglais et les échecs qui conduiront à la démission de Rankl, mais Webster tiendra bon la barre, et son soutien sera précieux lorsque Kubelik, puis Solti, redonneront à Covent Garden sa dimension internationale.

Comme plus tard Colin Davis, David Webster fut une institution ; anobli à la fin de sa carrière, il fut embaumé vivant à sa retraite, en 1970, puis statufié à sa mort et son buste de bronze surveille encore toute la maison.

Les chanteurs ne font que passer ; ils chantent. C'est avec des David Webster qu'on fait les Opéras.

# *Georg Solti*

Georg Solti est né à Budapest en 1912. Après des études en Hongrie avec Dohnanyi et Kodaly, il commence par diriger dans son propre pays jusqu'à la guerre, avec des incursions à Salzbourg, où il travaille aux côtés de Toscanini. Il passe les années de guerre en Suisse, puis se retrouve en 1947 à Munich, en 1951 à Francfort où il dirige l'Opéra pendant dix ans.

Ce sont ces dix années qui feront de lui l'un des premiers chefs de ce temps : à sa manière, une véritable vedette. D'abord, il voyage ; il dirige à San Francisco en 1953, à Chicago en 1957. Bien qu'il soit déjà venu à Londres en 1938 avec Antal Dorati et les Ballets Russes, sa carrière britannique débute vraiment lorsqu'il emmène l'Opéra de Hambourg à Covent Garden en 1952, puis avec ses succès de Glyndebourne en 1954. En 1959, enfin, il a dirigé l'orchestre de Covent Garden dans ce *Rosenkavalier* mémorable où, aux côtés de Sena Jurinac, Hanny Steffek et Kurt Böhme, Schwarzkopf n'eut pas l'heur de plaire à la critique anglaise qui préférait les Maréchales de chez Marks and Spencer. Mais surtout, Solti enregistre le premier *Ring* pour le microsillon et en stéréo. Quelle stéréo! Decca y multiplie les effets sonores, les bruits, les résonances; au-delà du ridicule de ces efforts, le *Ring* de Solti semble encore tenir le coup; du moins l'affirme-t-on. Ses enregistrements wagnériens baigneront dans les mêmes somptuosités sonores parfaitement artificielles: pourquoi pas? Ils plaisent...

Nommé directeur musical de Covent Garden en 1961, il tentera d'en faire, selon ses propres paroles, « le premier Opéra du monde ». Il y réussira presque. C'est sous son règne que se multiplieront les grandes productions d'un Zeffirelli, d'un Visconti. C'est surtout lui qui donnera le coup de pouce nécessaire pour faire démarrer la nouvelle école de chant britannique: Gwyneth Jones, Yvonne Minton et tant d'autres, sont apparues en partie grâce à lui. Après son départ, en 1971, plus rien ne sera pareil. Comme il se doit, il est devenu Sir Georg Solti, ce qui ne change rien à son talent.

# *Lord Harewood*

George Henry Hubert Lascelles, comte de Harewood, est né à Londres en 1923. Fils de la princesse royale, sœur de George VI, c'est le cousin germain de la reine d'Angleterre. Amateur de musique — et tout particulièrement d'opéra —, il a passé toute sa vie au service de l'opéra et il est l'un des principaux artisans du renouveau de l'art lyrique en Angleterre.

Cinq étapes ont marqué cette carrière étonnante d'aristocrate éclairé, de mécène, d'homme d'affaires aussi, et d'ami de tout ce que le monde compte de musiciens et de chanteurs. Au début des années cinquante, il a d'abord fondé avec Harold Rosenthal la petite et pourtant si grande revue *Opera* dont les étroits fascicules ont fait les beaux jours de tous les amateurs de bel canto, lorsque ceux-ci n'étaient encore qu'une poignée de par le monde et que les rédacteurs enthousiastes et pétulants des mille et un magazines qui sont aujourd'hui consacrés au lyrique étaient encore au berceau. De 1951 à 1960, il a tour à tour été membre du comité de direction de Covent Garden, puis responsable de la programmation. Devenu directeur du festival de Leeds en 1958, il est ensuite passé à la tête de celui d'Edimbourg, de 1961 à 1965. C'est enfin lui qui a présidé aux destinées de l'English National Opera, lorsque celui-ci s'est installé au Coliseum.

Son premier mariage, avec Marion Stein, la fille du célèbre éditeur de musique, faillit provoquer une manière de scandale à la cour de Saint-James ; tout de suite adoptée par la famille royale et par le monde de la musique, Marion Harewood devint, avec son époux, l'une des personnalités les plus remarquables du petit monde de Covent Garden ; leur divorce constituera un événement autant musical que mondain.

Lord Harewood a publié ses Mémoires. Il possède un grand château baroque et des toiles anciennes célèbres.

# *Joan Sutherland*

Joan Sutherland est née à Sidney, en 1926. Ce fut sa mère qui lui enseigna les premiers rudiments du chant; elle participa à des concours d'amateurs et remporta quelques prix qui lui permirent de partir pour Londres, après une première apparition australienne à vingt et un ans dans le rôle de Didon.

Dès son arrivée à Londres, chaperonnée par sa mère, elle s'inscrit au Royal College et rencontre le pianiste et bientôt chef d'orchestre Richard Bonynge; son chaperon n'est, dès lors, plus nécessaire, elle ne quittera plus Bonynge, à qui elle devra sans doute une bonne partie de ses succès. C'est lui, en effet, qui la fera travailler sans relâche et lui fera découvrir, de jour en jour, un nouveau répertoire.

Il lui faudra pourtant trois auditions avant d'être acceptée à Covent Garden, pour la Première Dame de *La Flûte*: c'est en 1952, elle chante encore quelques petits rôles (la prêtresse qu'on entend en coulisse dans *Aïda*, voire la Clotilde de *Norma* aux côtés, ou plutôt derrière Maria Callas). Et puis, elle joue les doublures: la Maréchale, Amelia du *Ballo*.

C'est dans ce rôle qu'elle est amenée à remplacer au dernier moment une camarade défaillante; remarquée, on l'envoie en tournée avec la Comtesse des *Noces*. Peu à peu, sa personnalité s'affirme et c'est Covent Garden qui lui donne les moyens de la développer. Elle chante aussi un peu de tout, de l'Oiseau de *Siegfried* à Micaela ou Desdemona. Mais Bonynge — qu'elle a fini par épouser en 1954 — a d'autres ambitions pour elle. Elle excelle déjà dans le bel canto: elle est Olympia (d'*Hoffmann*) et une extraordinaire Alcina au festival de Saint-Pancrace. C'était le temps où Haendel triomphait dans la périphérie londonienne. Elle est aussi Gilda, mais c'est sa *Lucia*, le 17 février 1959, qui fait d'elle, en une nuit, une star.

Certes, Maria Callas avait déjà fait beaucoup pour la renaissance du vrai bel canto dans le monde lyrique, et ses *Lucia* à elle étaient déjà entrées dans la légende: avec des moyens différents, un moindre sens dramatique, une diction contestable mais une habileté peut-être supérieure, Joan Sutherland, épaulée par Richard Bonynge, s'est engouffrée dans la brèche laissée ouverte par Callas et, après cette soirée de 1959, toute sa carrière s'orientera autour d'un pivot: la renaissance d'un répertoire oublié. A cet égard, le rôle de Bonynge sera déterminant. Joan Sutherland ne s'éloignera jamais vraiment de Covent Garden où, de nos jours, elle demeure la *Stupenda, prima donna assoluta* et bien-aimée, en dépit d'une détérioration certaine de ses moyens.

# *Gwyneth Jones*

*Gwyneth Jones dans* Elektra *de Strauss.*

Gwyneth Jones est galloise. Elle est née à Pontewynydol près de Cardiff en 1936. Après des études de chant au Royal College of Music, elle a suivi les cours de l'Académie Chigiana de Sienne. C'est en 1964 qu'on l'a remarquée pour la première fois dans la Leonore du *Trovatore*: depuis cette date, nous sommes nombreux à être à genoux devant elle.

Certes, d'aucuns peuvent parfois regretter un trop large vibrato dans sa voix, elle n'en est pas moins la première Desdemona, la première Maréchale, la première Brünnhilde d'une époque où, faute de déesses, nous nous contentons de midinettes ou de techniciennes. Son immense beauté physique, bien sûr, a dominé toutes les scènes d'Europe; mais au-delà d'un visage, au-delà d'une stature, il y a en Gwyneth Jones l'une des premières tragédiennes de ce temps. Peut-être est-ce, après Maria Callas, la seule artiste lyrique complète des années soixante aux années quatre-vingt. Qu'on regarde seulement à nouveau les films enregistrés à Bayreuth au cours du *Ring* de Boulez: dirigée, modelée par Patrice Chéreau, elle atteint au sublime. Fille éperdue de tendresse d'un McIntyre trop humain pour être vraiment un dieu, amoureuse éperdue d'un Siegmund inaccessible, d'un Siegfried enfantin, elle deviendra cette silhouette brisée que des hommes s'arrachent au deuxième acte du *Götterdämmerung*. Son interprétation marquera le chant et le drame wagnérien de son temps d'une manière bouleversante.

Elle a fait ses débuts à Covent Garden en 1961, grâce à Solti et a effectivement rejoint la compagnie l'année suivante. Elle y a chanté tous les grands rôles du répertoire: Santuzza, Desdemona, Donna Anna, Tosca, Isolde... C'est avec Eva Turner qu'elle a appris le rôle de Turandot: quoi qu'on dise, Gwyneth Jones sait choisir ses maîtres.

Avec le temps, les honneurs sont venus, ce n'est pas sa faute. Elle est (elle aussi!) *Dame* du *British Empire* depuis 1986. Ça ne change rien à son talent. Elle reste la plus belle.

## *Colin Davis*

Colin Davis est né à Weybridge, au cœur de la plus vieille Angleterre, en 1927. Après des études au Royal College of Music, il a entamé une carrière de chef d'orchestre dont il a, tour à tour, connu toutes les étapes : de l'ensemble de chambre à la musique de ballet, de responsable de compagnies d'opéra à la direction de grandes formations symphoniques...

En 1958, il fait ses débuts avec le Sadler's Wells Opera avant d'en devenir le directeur musical (1959-1965). Après des apparitions au Covent Garden pour diriger le Royal Ballet (1960-1965) il fait ses débuts officiels avec le Royal Opera en conduisant *Les Noces* en 1965. Entre 1967 et 1971, il est chef principal du BBC Symphony Orchestra. C'est de 1971 à 1986 qu'il est nommé à la tête de Covent Garden dont il dirige de nombreuses reprises et des nouvelles productions comme *Le Nozze di Figaro, The Midsummer Marriage, The Knot Garden* (première mondiale), *Don Giovanni, La Clemenza di Tito, Peter Grimes, Idomeneo,* le *Ring* de Wagner, *Der Freischütz, La Flûte, The Rake's Progress, Simon Boccanegra, The Ice Break* (première mondiale), *Lulu* (première anglaise de la version en trois actes), *Samson et Dalila, Turandot, Tannhäuser, A Florentine Tragedy, The Birthday of the Infanta* et *Fidelio.*

Il présente aussi le Royal Opera à la Scala de Milan (1976), au Japon et en Corée du Sud (1979), à Manchester (1981) et au festival des Arts olympiques (Los Angeles, 1984).

Parmi les grands orchestres internationaux, il a travaillé avec le Boston Symphony Orchestra et le London Symphony Orchestra (il fut chef invité des deux ensembles pendant de nombreuses années), le New York Philarmonic, l'Orchestre de Cleveland, le Concergebouw d'Amsterdam, le Berliner Philharmoniker, l'Orchestre de Paris et la Staatskapelle de Dresde.

Il a été accueilli par les principales scènes lyriques internationales: le Metropolitan Opera où il dirigea *Peter Grimes* en 1967; le festival de Bayreuth où il conduisit *Tannhäuser* mis en scène par Friedrich en 1977 puis en 1978, lorsqu'on filma cette reprise contestable; l'Opéra de Vienne (*Werther* en 1986).

En 1969, il dirigeait au Covent Garden la première intégrale des *Troyens* de Berlioz, qu'il enregistra la même année. C'est un berliozien fervent, l'un des premiers artisans de la renaissance mondiale de Berlioz. De nombreux prix du disque jalonnent sa carrière, récompensée également par plusieurs distinctions honorifiques comme le privilège de diriger le concert pour le Jubilé d'argent de la reine Elizabeth II en 1977. Il a, de plus, été fait chevalier de l'ordre de l'Empire britannique en 1980 et a été décoré de la Légion d'honneur. En 1984, il a reçu le prix Shakespeare à Hambourg pour sa contribution à l'héritage culturel européen. Couvert d'honneurs et de décorations, il est maintenant chef d'orchestre principal du Bayerisches Rundfunk Orchester de Munich avec lequel il est venu en tournée en Grande-Bretagne, en 1986. Comme la Royal Opera House, Colin Davis est, on le voit, une institution typiquement britannique.

# *Kiri te Kanawa*

*Kiri te Kanawa dans* Arabella *de Strauss, en 1977.*

Kiri te Kanawa est, par sa naissance, néo-zélandaise et un peu maorie: elle est avant tout britannique. Comme toutes celles qu'il veut honorer, le British Empire en a fait en 1982 l'une de ses *Dame*: aucune autre grande chanteuse britannique n'a pu y échapper.

Elle a fait ses études en Nouvelle-Zélande, puis au London Opera Centre, et enfin avec Vera Rosza. Sa première apparition à Covent Garden remonte à 1970, où elle fut une Fille-

Fleur de *Parsifal*: très vite, elle sera la Comtesse des *Noces*.

Il y a deux Kiri te Kanawa: la très grande dame, souriante, lointaine et triste, dont la noble mélancolie hante tout le répertoire mozartien et straussien; et puis une belle fille pleine de vie qui répète en jeans et croque des pommes. L'un des titres de gloire de l'auteur de ces lignes est d'avoir été aux côtés de cette jeune femme-là dans la *Carmen* qu'enregistra à Londres Georg Solti; elle était Micaela, il était son Guide, au début du troisième acte. Avec un admirable accent néo-zélandais, elle était, selon Janine Reiss qui la faisait répéter, parfaite; l'auteur en question, parlant plus parisien qu'il n'est permis, était, bien entendu, aux dires du «coach», épouvantable. Kiri te Kanawa souriait en croquant ses pommes.

Nos plus beaux souvenirs de Kiri te Kanawa sont pourtant sa Comtesse, une Arabella presque aussi mutine et tendre que Della Casa, une Mimi pas assez souffreteuse, une Maréchale épanouie, sûre encore d'elle et qui en verra d'autres: pour Kiri-Marschallin, le départ d'Octavian est pain bénit, il était un peu vieux pour elle.

Pourquoi le disque n'a-t-il, en fin de compte, que si peu — ou si mal — profité d'elle? Elle plaît infiniment aux États-Unis dans des coffrets-surprise, enrobés de papier de Noël comme des boîtes de chocolats, où elle chante des Christmas Carols et autres Folk songs. Nous savons qu'elle vaut tellement mieux que cela!

# *Thomas Allen*

*Thomas Allen dans* Eugène Onéguine *de Tchaïkovski, en juin 1986.*

Né dans la région de Durham, dans le nord de l'Angleterre, Thomas Allen a fait ses études, comme il se doit, au Royal College of Music. Après un passage de trois ans au Welsh National Opera, il a rejoint Covent Garden en 1972 où son premier rôle a été anglais en diable, dans le *Billy Budd* de Britten. Il est, par excellence, le représentant de cette dernière génération de chanteurs britanniques des années soixante-dix qui étonnaient encore le monde, avant que les robots made in USA ne prennent la relève, diplôme de philosophie ou de médecine en poche en même temps qu'une voix à tout faire, propre à ne plus étonner vraiment personne. Thomas Allen, lui, a pu nous stupéfier. Figaro et Guglielmo, certes, mais surtout, et très vite, l'un des premiers Almaviva de sa génération, bientôt un remarquable Don Giovanni. Son sens dramatique, l'exactitude de sa diction, la beauté intrinsèque de son timbre pallient l'inconvénient, au demeurant modeste, d'une voix peu faite pour les grandes salles ; on l'a vu notamment à la Scala, où il déçut quelque peu dans le *Don Giovanni* mis en scène par Strehler en 1987.

Mais sur des scènes à sa mesure, et même à Covent Garden, il est l'un des premiers barytons du moment. C'est d'abord un mozartien hors de pair. On a dit son Almaviva, éminemment dangereux, aristocrate blessé capable des crimes les plus noirs ; son Don Giovanni est à proprement parler habité, possédé par une rage intérieure qu'il sent avec délectation le détruire lui-même. Sa première apparition dans le rôle, à Glyndebourne, a été une révélation. Mais Thomas Allen peut également être un remarquable baryton Verdi : n'est-ce pas lui qui a sauvé du désastre une languissante mise en scène de *Don Carlo* à Paris où son Posa généreux et fiévreux rappelait les beaux élans de Tito Gobbi, jadis, dans le rôle ? Plus surprenante a été son incarnation, profondément méditée, humaine, de Pelléas, dans les reprises londoniennes de l'ancienne et triomphale production de Svoboda.

Tout en continuant à interpréter en Angleterre à peu près tout le répertoire britannique, de Purcell à Britten ou Musgrave, entre Covent Garden, Aldeburgh, Buxton, Edimbourg et Glyndebourne, Thomas Allen chante maintenant dans le monde entier et fait partie de ces artistes britanniques dont les Britanniques eux-mêmes ne se rendent pas toujours compte qu'ils sont parmi les meilleurs.

# *Le Sergent Martin*

Une galerie des portraits de Covent Garden serait incomplète s'il n'y figurait pas l'image du Sergent Martin.

Ne cherchez pas : le Sergent Martin n'était ni un chanteur, ni un metteur en scène, et même dans la plus obscure des œuvres lyriques « anglo-britanniques » de ce siècle, il ne figure aucun Sergent Martin aux côtés de Billy Budd et autres Owen Wingrave. Le Sergent Martin n'était autre que l'huissier, l'appariteur, le gardien du Temple qui, depuis 1949, veillait sur les portes de l'auguste maison. Pendant trente-deux ans, cet ancien grenadier de la Garde, garde du corps du Field Marshall Alexander, a veillé aux destinées du lobby (le hall d'entrée) de Covent Garden et sa mort, en 1981, a été un véritable deuil national.

Colosse de cent vingt kilos à la moustache tombante, les cheveux noirs plaqués au-dessus d'un immense front, il portait jaquette grenat et écussons dorés pour promener, au début de chaque représentation, un regard attentif sur tout ce qui se passait dans son domaine. Prêt à renseigner les vieilles dames, serviable et affable, il guidait les premiers pas des jeunes néophytes dans l'antre de la musique; mais il savait aussi peser de tout son poids (voir plus haut) pour en interdire l'entrée aux retardataires. Il saluait respectueusement ses plus familiers clients, connaissait chacun par son nom et avait ses préférences comme ses inimitiés. Les soirs de gala, il troquait sa jaquette rouge pour une jaquette noire, des pantalons rayés, et remplissait auprès de la famille royale ou de ses invités les mêmes fonctions qu'avec le public des soirs ordinaires.

Totalement dénué de sens musical et particulièrement réfractaire à l'opéra italien, il arrivait parfois à trouver « un peu d'harmonie dans les inharmonies des compositeurs d'aujourd'hui »: c'est dire que tout le prédisposait à tenir pendant près d'un tiers de siècle le rôle de figure de proue de la Royal Opera House.

Le 25 octobre 1981, l'église Saint-Paul de Covent Garden n'était pas assez grande pour accueillir tous les fidèles venus lui rendre un dernier hommage. Il s'appelait Victor. Avec lui, c'est un peu du Covent Garden des années où nous l'avons aimé qui a disparu. La mémoire des Opéras est faite de ténors, de sopranos, de chefs légendaires et de Sergents Martin.

*Troisième partie*

# GUIDE PRATIQUE

## I — RENSEIGNEMENTS SUR THE ROYAL OPERA HOUSE COVENT GARDEN

- *Saison de Covent Garden*: de septembre à début juillet.

- *Date de parution du programme général*: septembre.
  Des programmes détaillés paraissent ensuite tous les deux mois.

- *Envoi des programmes*: il est possible de se faire envoyer tous les programmes moyennant le règlement de £6.75 (par carte American Express ou chèque en livres sterling). Ecrire ou téléphoner à:

  The Mailing List
  Royal Opera House
  Covent Garden
  London WC2E 9DD
  tél. 19.44.1.240.12.00

Il vous faudra choisir les rubriques (Opéras de tous genres, du XX$^{e}$ siècle, de l'époque baroque, concerts, ballets, etc.) qui vous intéressent.

• *Réservations*:

Royal Opera House
Box Office
48 Floral Street
London WC2
Ouvert du lundi au samedi, de 10 h à 20 h

- *par téléphone*: 19.44.1.240.10.66/ 240.19.11

Dès que vous avez composé un des deux numéros ci-dessus, votre appel est mis en attente; patientez jusqu'à votre tour et vous pourrez réserver en donnant votre numéro de carte de crédit (American Express, Visa, Access, Diners Club).

- *par correspondance*:

Faites une demande en proposant plusieurs dates et plusieurs prix de places pour le même spectacle. Donner les références de votre carte de crédit (numéro, date d'expiration).

Vous pouvez également effectuer ces réservations par télex (n° 27988 COVGAR G), en indiquant également les références de votre carte de crédit.

• *Location sur place le jour même et places debout*: 65 places au dernier rang du Poulailler (*Amphithéâtre*) sont vendues à partir de 10 h le jour même de la représentation aux personnes qui se présentent au guichet. Il n'est délivré qu'un seul billet par personne. Quand toutes les places ont été vendues, la Direction décide — ou pas — de vendre des places debout au Promenoir (*Stalls Circle*) à £6.

• *Prix des Places*:
- de £6 (places aléatoires du Promenoir) à £75 pour l'Opéra
- de £5 à £37 pour les ballets.

• *Réductions*: elles sont réservées aux étudiants, retraités, etc. et attribuées à la discrétion de la Direction. Les places peuvent être retirées à la Caisse du Foyer au prix de £10, une heure avant le lever du rideau, sur présentation d'une carte justificative. Les jeunes de moins de 18 ans peuvent bénéficier de 50 % de remise pour certaines matinées.

Renseignements par téléphone au 836.69.03

• *Nombre de places*:

| | |
|---|---|
| Orchestre: | 544 |
| Galerie-Promenoir: | 287 |
| Corbeille: | 132 |
| Loges: | 104 |
| Balcons: | 61 |
| Balcons avec vue restreinte: | 96 |
| Poulailler: | 702 |
| Places à louer le jour même: | 65 |
| | ------ |
| | 1991 |

• *Parking*: La location d'une place de parking — au prix de £3,25 — n'est possible que lorsque l'on achète les billets par correspondance. Les deux réservations doivent être simultanées. Le garage se trouve à Drury Lane. Le parking n'est pas disponible pour les matinées, le dimanche ou avant 18 h. Vous paierez un supplément si vous arrivez avant cette heure.

- *Transports publics*:
  - Métro: station Covent Garden sur la ligne Piccadilly.
  - Autobus: 1, 4, 5, 6, 9, 11, 13, 15, 68, 77, 77 A, 170, 171, 171 A, 176, 188.

- *Rafraîchissements et buffets*:
Un service de buffet froid et de boissons diverses est à votre disposition aux bars et buffets une heure avant la représentation. Des rafraîchissements et un choix de soupers froids peuvent également être servis à la corbeille et aux loges du balcon. D'autres facilités, en particulier un bar avec Champagne et en-cas froids sont maintenant offertes, une heure et demie avant le début du spectacle, quand le lever de rideau est à 19 heures et plus. Il est nécessaire de réserver auprès du service restauration en téléphonant au 836.94.53 de 10 h à 13 h et de 14 h à 16 h, ou en écrivant au moment de la réservation des billets.

- *Les Associations soutenant Covent Garden*:

  - *The Friends of Covent Garden Wells House*
15 Elmfield road, Bromley,
Kent BR1 1NW
tél. 658.80.81
Pour £25 — ou plus si vous le pouvez —, vous serez membre de cette célèbre association qui vous enverra son journal *About the House* et les programmes détaillés de l'année. Vous bénéficierez des priorités de location réservées aux *Friends*, des privilèges qui leur sont accordés.

A l'heure du déjeuner, choix de conférences, concerts, récitals et possibilité d'assister à des interviews de célébrités musicales.

Une fête de Noël a lieu en principe chaque année, avec la participation des chanteurs et des danseurs de Covent Garden.

- *Le Festival International de Londres*
  84 Prince of Wales Mansions
  Prince of Wales Drive
  London SW11 4BL
  tél. 720.76.10

* Adresse postale: 78 Neal Street
  London WC2H 9PA
  tél. 836.00.08

* Date du Festival: mi-mai à fin juin.

* Lieux des représentations: Royal Opera House, Royal College of Music, The Place Theatre, Donmar Warehouse Theatre, Royal Festival Hall, National Theatre, Queen Elizabeth Hall, English National Opera, Purcell Room,...

* Pour £9 — £7 si vous avez moins de 30 ans —, vous serez membre du Club du Festival et recevrez gratuitement le programme détaillé.

  Vous bénéficierez de priorités pour les locations ainsi que de réductions sur certains spectacles: vus pourrez également être invité à des rencontres avec les chanteurs, à des représentations de la troupe de Glyndebourne, etc.

• *Les journaux d'art lyrique*:

- *Opera Magazine*
  1 a Mountgrove Road
  London NS 2LU
  tél. 359.10.37

Une institution qui existe depuis plus de quarante ans et qui est devenue *la* référence des amateurs d'opéra.

- *Opera Now*
  5 Riverpark estate
  Billet Lane
  Berkhamsted. Herts. HP4 1BR
  tél. (442) 87.66.61

Un magazine très récent, luxueux, imprimé sur papier glacé.

## II — DÎNER, SOUPER, OU DÉGUSTER DE LA BIÈRE, DU VIN OU DU... THÉ AUX ENVIRONS DE COVENT GARDEN

• *Les Restaurants*

- Ajimura, 51/53 Shelton street -
  tél. 240.01.78
  (prix moyens)
- Le Café des Amis du Vin,
  11/14 Hanover Place/Covent Garden
  tél. 379.34.44
  (prix raisonnables)
- Chez Solange, 35 Cranbourn street -
  tél. 836.58.86
  (prix assez élevés)

- Flounders, 19 Tavistock street -
  tél. 836.39.25
  (prix moyens)
- Inigo Jones, 14 Garrick street -
  tél. 836.64.56
  (prix très élevés)
- Joe Allen, 13 Exeter Street -
  tél. 836.06.51
  (prix moyens)
- Manzi's, 1/2 Leicester street -
  tél. 734.02.24
  (prix moyens)
- Neal Street Restaurant, 26 Neal street -
  tél. 836.83.68
  (prix assez élevés)
- Rules, 35 Maiden Lane
  tél. 836.53.14/25.59 — 379.02.58
  (prix assez élevés)
- Poons of Covent Garden, 41 King street -
  tél. 240.17.43
  (prix moyens)
- Sheekey's, 28/32 St. Martin's Court -
  tél. 240.25.65
- Simpson's-in-the-Strand.
  100 The Strand -
  tél. 836.91.12
  (prix assez élevés)
- Thomas de Quincey, 36 Tavistock -
  tél. 240.37.73
- Langan's Brasserie, 1 Stratton street -
  tél. 493.64.37 — 491.88.22
  Cette brasserie ne se trouve pas près de Covent Garden mais la mode veut que bien des amateurs d'opéra s'y retrouvent après le spectacle.
- Ne comptez plus sur le *Mirabelle*, il vient de fermer ses portes et sa cave a été liquidée aux enchères!

• *Les Pubs*
- Gilbert and Sullivan, 23 Wellington.
- Globe, 37 Bow street.
- Lamb and Flag, 33 Rose street.
- Salisbury, 90 St Martin's Lane.
- Sherlock Holmes, 10 Northumberland street.

• *Les « Wines Bars »*
- Crushing Pipe, 27 The Market, Covent Garden - tél. 836.14.15
- Penny's Place, 6 King street - tél. 836.45.53
- Solange's, 11 St Martin's Court - tél. 240.02.45
- Tuttons, 11/12 Russell street - tél. 836.11.67

• *Les salons de thé*
- Boswells Coffee House, 8 Russell street - tél. 240.00.64
- Savoy Thames Foyer, Strand - tél. 836.43.43

## III — OÙ SE LOGER

• *Hôtels*

* *Quelques adresses aux environs de Covent Garden*:
- Charing Cross Hotel, Strand - tél. 839.72.82
- Drury Lane, 10 Drury Lane. High Holborn - tél. 836.66.66
- Howard Hotel, Temple Place - tél. 836.35.55

- Waldorf Hotel, Aldwych - tél. 836.24.00
- Pastoria, St Martin's street - tél. 930.86.41

* *Quelques adresses, pour le charme (souvent cher...):*
- Beaufort, 33 Beaufort Gardens - tél. 548.52.52
- Alexander, 9 Sumner Place - tél. 581.15.91
- Number Sixteen, 16 Sumner Place - tél. 589.52.32
- Blake's, 33 Roland Gardens - tél. 370.67.01
- Draycott, 24/26 Cadogan Gardens - tél. 730.64.66
- Fenja, 69 Cadogan Gardens - tél. 589.73.33

## IV — QUELQUES BONNES ADRESSES

- ***Disquaires spécialisés dans la musique classique***
- Harold Moores, 2 Great Malborough street - tél. 437.15.76
- Direction, 97/99 Dean street - tél. 434.13.54

- ***Libraire***
- Penguin Bookshop, 10 The Market Covent Garden - tél. 379.76.50

- ***Musées***
- Anna Pavlova Museum, Ivy House, North End road.

- Theater Museum, 1e Tavistock street.
- Museum of Instruments, Royal College of Music, Prince Consort Rd, SW7.

• *A signaler aussi*
- Le Marché aux Puces de Covent Garden, ouvert le lundi.
- Les quelques magasins du Marché de Covent Garden où vous pourrez aller jeter un œil: Patricia Roberts, 31 James street, pour les pulls en tricot; Jones, 13 Floral street, pour la mode; Paul Smith, 41/44 Floral street, pour hommes.
- La Galerie Janet Fitch, 2 Percy Street, où la mode (spécialement des chemises) est présentée en même temps que des expositions culturelles.

• *British Tourist Authority*
Office du Tourisme britannique
63, rue Pierre Charron
75008 Paris
tél. 42.89.11.11

*La partie* Guide pratique *a été réalisée par Agnès de Gorter.*

*Annexe*

# *L'entrée des grands opéras au répertoire*

**1847***

| | | |
|---|---|---|
| *Anna Bolena* | Donizetti | Grisi, Corbari, Alboni; Mario, Tamburini, Tagliafico; **Costa** |
| *Il Barbiere di Siviglia* | Rossini | Persiani; Salvi, Ronconi, Marini, Rovere; **Costa** |
| *Don Giovanni* | Mozart | Grisi, Corbari, Persiani; Mario, Tamburini, Rovere; **Costa** |
| *La Donna del Lago* | Rossini | Grisi, Alboni; Mario, Marini; **Costa** |
| *L'Elisir d'amore* | Donizetti | Persiani; Salvi, Tamburini, Rovere; **Costa** |
| *Ernani* | Verdi | Steffanoni, Alboni; Salvi, Marini; **Costa** |
| *L'Italiana in Algeri* | Rossini | Alboni; Salvi, Rovere, Polonini; **Costa** |
| *Lucia di Lammermoor* | Donizetti | Persiani; Salvi, Ronconi, Polonini; **Costa** |
| *Lucrezia Borgia* | Donizetti | Grisi, Corbari; Mario, Tamburini, Marini; **Costa** |
| *Norma* | Bellini | Grisi, Corbari; Salvi, Marini; **Costa** |
| *Le Nozze di Figaro* | Mozart | Steffanoni, Grisi, Alboni; Tamburini, Marini, Rovere; **Costa** |
| *I Puritani* | Bellini | Grisi; Mario, Ronconi, Tamburini, Marini; **Costa** |
| *Semiramide* | Rossini | Grisi, Alboni; Lavià, Tamburini, Tagliafico; **Costa** |
| *La Sonnambula* | Bellini | Persiani; Mario, Tamburini; **Costa** |

* Depuis 1847, Covent Garden est une compagnie permanente.

**1848**

| | | |
|---|---|---|
| *I Capuleti e i Montecchi* | Bellini | Castellan, Viardot; Mei, Polonini; **Costa** |
| *La Cenerentola* | Rossini | Alboni; Salvi, Tamburini, Rovere; **Costa** |
| *La Favorita* | Donizetti | Grisi; Mario, Corradi-Setti, Marini; **Costa** |
| *Guillaume Tell* | Rossini | Castellan; Roger, Tamburini, Tagliafico, Marini; **Costa** |
| *Les Huguenots* | Meyerbeer | Castellan, Viardot, Alboni; Mario, Tamburini, Marini; **Costa** |
| *Tancredi* | Rossini | Persiani, Alboni; Mei, Polonini; **Costa** |

**1849**

| | | |
|---|---|---|
| *Il matrimonio segreto* | Cimarosa | Grisi, Persiani, Angri; Mario, Tamburini, Tagliafico; **Costa** |
| *Le Prophète* | Meyerbeer | Viardot, Hayes; Mario, Tagliafico, Polonini; **Costa** |
| *Robert le Diable* | Meyerbeer | Dorus-Gras, Corbari; Salvi, Marini, Lavià; **Costa** |

**1850**

| | | |
|---|---|---|
| *Der Freischütz* | Weber | Castellan, Vera; Maralti, Formes; **Costa** |
| *La Juive* | Halévy | Viardot, Vera; Mario, Tamberlik, Formes; **Costa** |
| *Mosè* | Rossini | Castellan, Vera; Tamberlik, Tamburini, Zelger; **Costa** |
| *Nabucco* | Verdi | Castellan, Vera; Tamberlik, Ronconi, Tagliafico; **Costa** |
| *Otello* | Rossini | Grisi; Tamberlik, Ronconi; **Costa** |

**1851**

| | | |
|---|---|---|
| *Fidelio* | Beethoven | Castellan, Bertrandi; Tamberlik, Stigelli, Formes, |

| | | |
|---|---|---|
| | | Tagliafico; **Costa** |
| *Die Zauberflöte* | Mozart | Zerr, Grisi, Viardot; Mario, Ronconi, Formes; **Costa** |

**1852**

| | | |
|---|---|---|
| *Poliuto* | Donizetti | Jullienne; Tamberlik, Ronconi, Marini; **Costa** |

**1853**

| | | |
|---|---|---|
| *Benvenuto Cellini* | Berlioz | Jullienne, Didiée; Tamberlik, Tagliafico, Formes; **Berlioz** |
| *Rigoletto* | Verdi | Bosio, Didiée; Mario, Ronconi, Tagliafico; **Costa** |

**1854**

| | | |
|---|---|---|
| *Don Pasquale* | Donizetti | Grisi; Mario, Ronconi, Lablache; **Costa** |

**1855**

| | | |
|---|---|---|
| *Il Trovatore* | Verdi | Ney, Viardot; Tamberlik, Graziani; **Costa** |

**1858**

| | | |
|---|---|---|
| *Martha* | Flotow | Bosio, Didiée; Mario, Graziani, Tagliafico; **Costa** |
| *La Traviata* | Verdi | Bosio; Gardoni, Graziani; **Costa** |

**1860**

| | | |
|---|---|---|
| *Orfeo ed Euridice* | Gluck | Czillag, M. Carvalho, Didiée; **Costa** |

**1860/61**

| | | |
|---|---|---|
| *La Fille du régiment* | Donizetti | Pyne; Harrison, Wharton, Kelly; **Mellon** |
| *Un Ballo in Maschera* | Verdi | Penco, M. Carvalho, Didiée; Mario, Graziani; **Costa** |

**1862/63**

| | | |
|---|---|---|
| *Faust* | Gounod | M. Carvalho, Didiée; Tamberlik, Graziani, Faure; **Costa** |

**1865**

| | | |
|---|---|---|
| *L'Africaine* | Meyerbeer | Lucca, Fioretti; Wachtel, Graziani, Attri; **Costa** |

**1867**

| | | |
|---|---|---|
| *Don Carlos* | Verdi | Lucca, Fricci; Naudin, Graziani, Petit, Tagliafico; **Costa** |
| *Roméo et Juliette* | Gounod | Patti, Marino; Mario, Cotogni, Tagliafico; **Costa** |

**1869**

| | | |
|---|---|---|
| *Hamlet* | Thomas | Nilsson, Sinico; Corsi, Santley, Bagagiolo; **Arditi** |

**1870**

| | | |
|---|---|---|
| *Médée* | Cherubini | Tietjens, Scalchi; Gunz, Bagagiolo; **Vianesi** |
| *Oberon* | Weber | Tietjens, Trebelli, Scalchi; Fancelli, Bettini, Cotogni, Tagliafico; **Arditi** |

**1875**

| | | |
|---|---|---|
| *Lohengrin* | Wagner | Albani, D'Angeri; Nicolini, Maurel, Seidlemann; **Vianesi** |

**1876**

| | | |
|---|---|---|
| *Aida* | Verdi | Patti, Gindèle; Nicolini, Graziani; **Bevignani** |
| *Tannhäuser* | Wagner | Albani, D'Angeri; Carpi, Maurel, Capponi; **Vianesi** |

**1877**

| | | |
|---|---|---|
| *Der fliegende Holländer* | Wagner | Albani, Ghiotti; Carpi, Maurel, Bagagiolo; **Vianesi** |

**1880**

| | | |
|---|---|---|
| *Mignon* | Thomas | Albani, Valleria, Scalchi; Engel, Vidal; **Vianesi** |

**1881**

| | | |
|---|---|---|
| *Die Entführung aus dem Serail* | Mozart | Sembrich, Valleria; Vergnet, Soulacroix, Gailhard; **Dupont** |

**1882**

| | | |
|---|---|---|
| *Carmen* | Bizet | Lucca, Valleria; Lestellier; **Dupont** |
| *Mefistofele* | Boito | Albani, Tremelli; Mierzwinski, Gailhard; **Bevignani** |

**1883**

| | | |
|---|---|---|
| *La Gioconda* | Ponchielli | Durand, Stahl, Tremelli; Marconi, Cotogni, E. de Reszké; **Bevignani** |

**1884**

| | | |
|---|---|---|
| *Die Meistersinger* | Wagner | S.-Proska, Schaernack; Gudehus, Kaps, Fischer, Modelinger, Wiegand; **Richter** |
| *Tristan und Isolde* | Wagner | Lehmann, Luger; Gudehus, Scheidemantel, Wiegand; **Richter** |

**1887**

| | | |
|---|---|---|
| *Mireille* | Gounod | Nevada, Lablache; Caylus, de Anna, de Vaschetti; **Logheder** |
| *Les Pêcheurs de perles* | Bizet | Fohstrom; Garulli, Lhérie, Miranda; **Logheder** |
| *La Vie pour le tsar* | Glinka | Albani, Scalchi; Gayarré, Devoyod; **Bevignani** |

**1891**

| | | |
|---|---|---|
| *Manon* | Massenet | Sanderson; van Dyck, Dufriche, Isnardon; **Mancinelli** |
| *Otello* | Verdi | Albani, Passana; J. de Reszké, Maurel; **Mancinelli** |

**1892**

| | | |
|---|---|---|
| *Cavalleria rusticana* | Mascagni | Calvé, Ravogli; De Lucia, Dufriche; **Mancinelli** |
| *Götterdämmerung* | Wagner | Klafsky, Bettaque, Heink; Alvary, Reichmann, Wiegand; **Mahler** |
| *Das Rheingold* | Wagner | Bettaque, Ende-Andriesen, |

| | | |
|---|---|---|
| | | Heink; Alvary, Lieban, Gnegg, Wiegand; **Mahler** |
| *Siegfried* | Wagner | Sucher, Heink; Alvary, Lieban, Gnegg, Lorent, Wiegand; **Mahler** |
| *Die Walküre* | Wagner | Ende-Andriesen, Bettaque, Heink; Alvary, Reichmann, Wiegand; **Mahler** |

**1893**

| | | |
|---|---|---|
| *I Pagliacci* | Leoncavallo | Melba; De Lucia, Ancona, Green; **Bevignani** |

**1894**

| | | |
|---|---|---|
| *Falstaff* | Verdi | Zilli, Olghina, Ravogli, Kitzu; Veduschi, Pessina, Pini-Corsi; **Mancinelli** |
| *Manon Lescaut* | Puccini | Olghina; Beduschi, Pini-Corsi; **Seppilli** |
| *Werther* | Massenet | Eames, Arnoldson; J. de Reszké, Albers, Castlemary; **Mancinelli** |

**1896**

| | | |
|---|---|---|
| *Hänsel und Gretel* | Humperdinck | Elba, Tree, Meisslinger; Bispham; **Mancinelli** |

**1897**

| | | |
|---|---|---|
| *La Bohème* | Puccini | Esty, MacDonald; Salvi, Maggi, Tilbury, Dever; **Jacquinot** |

**1900**

| | | |
|---|---|---|
| *Tosca* | Puccini | Ternina; De Lucia, Scotti; **Mancinelli** |

**1901**

| | | |
|---|---|---|
| *Le Roi d'Ys* | Lalo | Pacquot, Adams; Jerome, Seveilhac, Plançon, Journet; **Flon** |

**1904**

| | | |
|---|---|---|
| *Hérodiade* | Massenet | Calvé, Kirkby Lunn; Dalmorès, Renaud, Plançon; **Lohse** |
| *Adriana Lecouvreur* | Cilea | Giachetti, de Cisneros; Anselmi, Sammarco; **Campanini** |

**1905**

| | | |
|---|---|---|
| *Madama Butterfly* | Puccini | Destinn, Lejeune; Caruso, Scotti; **Campanini** |
| *Andrea Chénier* | Giordano | Strakosch; Zenatello, Sammarco; **Mugnone** |

**1906**

| | | |
|---|---|---|
| *Armide* | Gluck | Bréval, Kirkby Lunn; Laffite, Seveilhac; **Messager** |
| *Eugène Onéguine* | Tchaïkovski | Destinn, Kirkby Lunn; Altchevsky, Battistini, Journet; **Campanini** |
| *Fedora* | Giordano | Giachetti; Zenatello, Scandiani; **Mugnone** |

**1907**

| | | |
|---|---|---|
| *La Fiancée vendue* | Smetana | Bosetti, Nast; Naval, Bussard, Marx; **Schalk** |

**1909**

| | | |
|---|---|---|
| *Louise* | Charpentier | Edvina; Dalmorès, Gilibert; **Frigara** |

| | | |
|---|---|---|
| *Pelléas et Mélisande* | Debussy | Féart, Bourgeois; Warnery, Bourbon, Marcoux; **Campanini** |
| *Samson et Dalila* | Saint-Saëns | Kirkby Lunn; Fontaine, Davey, Moore; **Frigara** |

**1910**

| | | |
|---|---|---|
| *Elektra* | Strauss | Walker, Rose, Bahr-Mildenburg; d'Oisly, Weidemann; **Beecham** |
| *Lakmé* | Delibes | Tetrazzini; MacCormack, Burke; **Campanini** |
| *Les Contes d'Hoffmann* | Offenbach | Nevada, de Lussan, Godwin; O'Mara, Dearth; **Beecham** |
| *Salomé* | Strauss | Ackté, Metzger; Kraus, Whitehill; **Beecham** |

**1911**

| | | |
|---|---|---|
| *La Fanciulla del West* | Puccini | Destinn; Bassi, Gilly; **Campanini** |
| *Thaïs* | Massenet | Edvina; Darmel, Gilly; **Panizza** |

**1913**

| | | |
|---|---|---|
| *Der Rosenkavalier* | Strauss | Siems, von der Osten, Dux; Knüpfer, Brodersen, Wiedemann; **Beecham** |

**1914**

| | | |
|---|---|---|
| *Parsifal* | Wagner | von der Osten; Hensel, Bender, Kiess, Knüpfer; **Bodanzky** |
| *Francesca da Rimini* | Zandonai | Edvina; Martinelli, Cigada Paltrinieri; **Panizza** |

**1919**

| | | |
|---|---|---|
| *L'Heure espagnole* | Ravel | Donalda; A. Gilly, Maguenat, Cotreuil; **Pitt** |
| *Iris* | Mascagni | Sheridan; Capuzzo, Couzinou; **Mugnone** |
| *Le prince Igor* | Borodine | Licette, Thornton; Millar, Burke, Allin, Francourt; **Coates** |
| *Boris Godounov* | Moussorgski | Sissons; Hyde, d'Oisly, Allin, Langley, Edwards; **Coates** |
| *Le coq d'or* | Rimsky-Korsakov | Nelis, Clegg; O'Brien; **Pitt** |
| *La Khovantchina* | Moussorgski | Thornton; Millar, Michael, Allin, Richardson; **Pitt** |

**1920**

| | | |
|---|---|---|
| *Gianni Schicchi* | Puccini | Dalla Rizza; T. Burke, Badini; **Bavagnoli** |
| *Suor Angelica* | Puccini | Dalla Rizza, Royer; **Bavagnoli** |
| *Il Tabarro* | Puccini | Quaiatti; T. Burke, Gilly; **Bavagnoli** |

**1924**

| | | |
|---|---|---|
| *Alceste* | Gluck | Serena; Hyde, Mullings, Collier, Parker; **Buesst** |
| *Ariadne auf Naxos* | Strauss | Lehmann, Ivogün, Schumann; Fischer-Niemann; **Alwin** |

**1927**

| | | |
|---|---|---|
| *Turandot* | Puccini | Scacciati, Schöne; Merli, Autori; **Bellezza** |

**1930**

| | | |
|---|---|---|
| *Die Fledermaus* | J. Strauss | Lehmann, Schumann, Olczewska; Wörle, Jöken, Hüsch; **Walter** |

**1931**

| | | |
|---|---|---|
| *La Forza del destino* | Verdi | Ponselle, Pederzini; Pertile, Franci, Pasero; **Serafin** |

**1933**

| | | |
|---|---|---|
| *La Damnation de Faust* | Berlioz | Cigna; Voyer, Formichi; **Beecham** |

**1934**

| | | |
|---|---|---|
| *Arabella* | Strauss | Ursuleac, Bokor; Kremer, Jerger; **Krauss** |

**1937**

| | | |
|---|---|---|
| *Ariane et Barbe-bleue* | Dukas | Lubin, Lapeyrette; Etcheverry; **Gaubert** |

**1947**

| | | |
|---|---|---|
| *Così fan tutte* | Mozart | Seefried, Höngen, Loose; Dermota, Kunz, Schöffler; **Krips** |
| *Peter Grimes* | Britten | Cross, Coates; Pears, Norville; **Rankl** |
| *La Dame de Pique* | Tchaïkovski | Zadek, Coates, Sinclair; Evans, Walters, Rothmüller; **Kleiber** |

**1951/52**

| | | |
|---|---|---|
| *Billy Budd* | Britten | Pears, Uppman, G. Evans; **Britten** |
| *Wozzeck* | Berg | Goltz, Sinclair; P. Jones, Rothmüller; **Kleiber** |

## 1953

| | | |
|---|---|---|
| *Capriccio* | Strauss | Cunitz, Köth, Töpper; Holm, Fehenberger; **Heger** |
| *Die Liebe der Danae* | Strauss | Kupper, Nentwig; Vandenburg, Seider, Frantz; **Kempe** |

## 1954/55

| | | |
|---|---|---|
| *Midsummer Marriage* | Tippett | Sutherland, Leigh; Lewis, Lanigan, Kraus; **Pritchard** |

## 1956/57

| | | |
|---|---|---|
| *Jenufa* | Janacek | Shuard, Fischer; Lanigan, E. Evans; **Kubelik** |
| *Les Troyens* | Berlioz | Shuard, Thebom; Vickers, Verreau, Troy, Walters, Kelly, Rouleau; **Kubelik** |

## 1958

| | | |
|---|---|---|
| *Dialogues des Carmélites* | Poulenc | Morison, Sinclair, Fisher, Sutherland, Watson; **Kubelik** |

## 1958/59

| | | |
|---|---|---|
| *Samson* | Haendel | Lindenmeier, Veasey, Sutherland; Vickers, Rouleau, Pease; **Leppard** |

## 1959/60

| | | |
|---|---|---|
| *Macbeth* | Verdi | Shuard; Gobbi, Turp, Rouleau; **Molinari Pradelli** |

**1961/62**

| | | |
|---|---|---|
| *Iphigénie en Tauride* | Gluck | Gorr; Turp, Massard; **Solti** |
| *Die schweigsame Frau* | Strauss | Holt; MacDonald, Ward; **Kempe** |
| *Alcina* | Haendel | Sutherland, Vaughan, Sinclair, Elkins; MacDonald, Robinson; **Balkwill** |
| *King Priam* | Tippett | Collier, Veasey, Elkins; Lewis, Robinson; **Pritchard** |
| *Erwartung* | Schönberg | Shuard; **Solti** |

**1963**

| | | |
|---|---|---|
| *Katerina Ismailova* | Chostakovitch | Collier; Craig, E. Evans; **Downes** |

**1965**

| | | |
|---|---|---|
| *Moses und Aron* | Schönberg | Robinson, Lewis; **Solti** |

**1965/66**

| | | |
|---|---|---|
| *Simon Boccanegra* | Verdi | Santunione; Gobbi, Cioni, Rouleau; **De Fabritiis** |

**1967**

| | | |
|---|---|---|
| *Die Frau ohne Schatten* | Strauss | Hillebrecht, Borkh, Resnik; King, MacIntyre; **Solti** |

**1971/72**

| | | |
|---|---|---|
| *Nabucco* | Verdi | Suliotis, Pellegrini; Glossop, Ward, Mauro, Howell; **Davis** |

## 1974

| | | |
|---|---|---|
| *La clemenza di Tito* | Mozart | Baker, Cahill, Minton, Howells; Tappy, Lloyd; **Davis** |

## 1976

| | | |
|---|---|---|
| *I Lombardi* | Verdi | Sass, Connell, Begg; Carreras, Di Cesare, Ghiuselev, Lloyd; **Gardelli** |

## 1977/78

| | | |
|---|---|---|
| *Maria Stuarda* | Donizetti | Sutherland, Tourangeau, Begg; Burrows, Van Allan; **Bonynge** |
| *Idomeneo* | Mozart | Kenny, Cononovici, Baker; Burrows, Summers, Howell, Lanigan; **Davis** |
| *Luisa Miller* | Verdi | Ricciarelli, Connell, Payne; Pavarotti, Nucci, Van Allan, Lloyd; **Maazel** |
| *Hyppolite et Aricie* | Rameau | Rodde, Watkinson; Caley, Tomlinson, English Bach Festival; **Malgoire** |

## 1981

| | | |
|---|---|---|
| *Lulu* | Berg | Armstrong, Linos, Montague; Karczykowski, Reich; **Davis** |

## 1982

| | | |
|---|---|---|
| *Semele* | Haendel | Masterson, Kuhlmann, MacLaughlin; Tear, Howell; **Mackerras** |

## 1983

| | | |
|---|---|---|
| *Esclarmonde* | Massenet | Sutherland, Montague; Veronelli, Davies, Howell; **Bonynge** |

## 1989

| | | |
|---|---|---|
| *Un re in ascolto* | Berio | Harries, Littig, Kitchen; MacIntyre, Tear; **Berio** |

Chronologie établie par Christophe Capacci

*Remerciements*

*Nous tenons à remercier les personnes et organismes suivants pour l'aide qu'ils nous ont apportée dans notre recherche iconographique : Christophe Capacci (L'Avant-Scène Opéra), Paul Collen (Royal College of Music), Rhiannon Finamore (Theatre Museum), Francesca Franchi (Archives Office Royal Opera House Covent Garden), Catherine-Marie Heuls (Documentation Opéra de Paris), Aude de Jamblinne (EMI-Pathé Marconi), Alain Lanceron (EMI-Pathé Marconi), Jane Livingstone (English National Opera), Jacques Moatti, M. Schouvaloff (Theatre Museum), Deidre Tilley (Opera Magazine), André Tubeuf, Katherine Wilkinson (Press Office Opera House Covent Garden).*

# Table des matières

TROISIÈME PARTIE



ANNEXE

# Crédits photographiques

Archives L'Avant-Scène Opéra: 21, 130 (Reg Wilson); Archives du Metropolitan Opera de New York: 95; Archives Opera Magazine: 15, 129 (Donald Southern); 210 (Clive Barda); Archives Royal Opera House Covent Garden: 10, 29, 31, 32, 33, 35, 36, 38, 41, 45, 47, 49, 51, 58, 62, 66, 68, 69, 76, 78, 79, 87, 88, 89, 90, 91, 92, 102, 103, 105, 110, 123, 128 (Clive Barda), 129, 133, 145, 152 (Daniel Cande), 153, 155, 158, 165, 168, 186, 188, 196, 213 (Donald Southern); British Museum: 26; British Tourism Authority: 13; British Travel and Holidays Association: 44; C. Burton: 135; Christophe Capacci : 72, 84, 139, 200, 203, 208; Decca: 131, 153; Zoé Dominic: 134, 194; Emi-Pathé Marconi: 75, 118, 142, 190, 192; English National Opera: 198; Raymond Mander and Joe Mitchenson Theatre collection: 46; Popperfoto: 116; Royal College of Music: 40, 63; Jean Simon: 17, 18-19; Sipa Press (Jacques Moatti): photo de couverture; Theatre Museum: 126-127 (Houston Rogers); Times Newspapers Ltd: 120; André Tubeuf: 54, 80, 98, 114, 170; Reg Wilson: 42, 160; Robert Wood: 110.

La photocomposition de cet ouvrage
a été réalisée par
GRAPHIC HAINAUT
59690 Vieux-Condé
☎ 27.25.04.64

Achevé d'imprimer en octobre 1989
sur les presses de l'Imprimerie Carlo Descamps
59163 Condé-sur-l'Escaut

Dépôt légal: octobre 1989
N° d'éditeur: 949
N° d'imprimeur: 5647

*Illustration de couverture :* La salle et le rideau du Royal Opera House Covent Garden où l'on peut apercevoir les armes de la famille royale d'Angleterre.